"走进课堂做研究"系列学术著作

如何做课堂微诊断

—— 学科教师小课题研究的"5W2H"跟踪诊断案例解读

费伦猛 佘晓棠 范谊 著

·广州·

版权所有　翻印必究

图书在版编目（CIP）数据

如何做课堂微诊断：学科教师小课题研究的"5W2H"跟踪诊断案例解读/费伦猛，佘晓棠，范谊著. —广州：中山大学出版社，2018. 10

ISBN 978-7-306-06378-6

Ⅰ. ①如… Ⅱ. ①费… ②佘… ③范… Ⅲ. ①基础教育—教学研究—小学 Ⅳ. ①G622.0

中国版本图书馆 CIP 数据核字（2018）第 134981 号

出 版 人：王天琪
策划编辑：李　文
责任编辑：李　文
封面设计：林绵华
责任校对：付　辉
责任技编：何雅涛
出版发行：中山大学出版社
电　　话：编辑部 020-84110771，84113349，84111997，84110779
　　　　　发行部 020-84111998，84111981，84111160
地　　址：广州市新港西路 135 号
邮　　编：510275　传　真：020-84036565
网　　址：http://www.zsup.com.cn　E-mail：zdcbs@mail.sysu.edu.cn
印　刷　者：佛山市浩文彩色印刷有限公司
规　　格：787mm×1092mm　1/16　13.25 印张　335 千字
版次印次：2018 年 10 月第 1 版　2019 年 11 月第 2 次印刷
定　　价：50.00 元

如发现本书因印装质量影响阅读，请与出版社发行部联系调换

前　　言

"课堂诊断"是新时代专业教师的基本技能。

"课堂诊断"的提法始于2006年，期初与"评价"融生，实际上两个概念既有重合性又有差异性。"诊断"更强调的是课堂教学偏差的分析与矫正，寻求的是教学改进和师生发展。考虑到目前中小学一线教师专业实际和教与学情景的复杂性，过多、过深的诊断方法和要求显然不适合中小学的现状，因此，本书首次提出"课堂微诊断"这一观点。

本书旁征博引，以真实案例解读，深入剖析"什么是课堂微诊断""为什么要做课堂微诊断""如何做课堂微诊断"三大命题。全书共分五章。第一章介绍了课堂微诊断的基本内涵，主要是课堂诊断的起源与发展，课堂微诊断的含义与特性。第二章介绍了课堂微诊断的实践价值，包括改进教学环节内核，促进教师专业成长，创新校本教研等。第三章从知识分类的角度，分析了如何诊断用于学习事实性知识的"记中学"，用于方法性知识的"做中学"，用于价值性知识的"悟中学"。第四章主要介绍课堂微诊断的主轴线，它的核心要求是选点较小、过程翔实、方法精准、成效求实。第五章涉及内容相对更为精准，从诊断主体和诊断内容出发，提出课堂微诊断的四大专业视角和十二个专业视点，把"课堂微诊断"重构成一种教师可以学习的基本技能。

本书围绕中小学各个学科总计提供了23个真实案例，作者还以第三方视角，从课堂微诊断各要点出发进行点评，以帮助读者融会贯通，理解课堂微诊断的基本观点和诊断的操作方法。有关案例均衡地分布于各章节，以"自查、自检"为主，分"初诊""复诊"两个回合，详尽地说明了课堂微诊断从"问题发现与分析→拟定解决思路（干预策略设计）→初诊效果评估→干预策略修订与二次实施→实施效果总结"的全过程。基于基础教育课堂长期的跟踪、观察、思考，针对微诊断难点，本书作者原创地开发了"5W2H"课堂微诊断操作性工具，运用于23个真实案例中。

  本书是本人"走进课堂做研究"系列著作之一，是本人学术著作《如何做课堂观察——中小学基于课堂观察的课例研修多维解读》的姐妹篇，也是广东省教育科学规划重点课程"创新教研方式与评价研究：以学科教师小课题为引领的'5W2H'新视角"（编号2014ZQJK005）的研究成果。本书得以成文，有赖于广州市海珠区教育科研整体先行探索，有赖于广东省小课题研究践行者的认真参与和案例提炼……我们期待并相信，这本书既是奉献给基础教育管理者、研究者的学习参考书，也是广大中小学教师有关课堂观察与诊断不可多得的实用操作指南（工具书）。

  由于时间仓促，作者水平与精力有限，书中难免存在瑕疵，祈请读者指正，期待与读者进一步交流。

2018年3月

目 录

第一章 课堂微诊断的基本内涵 ············ 1
一、课堂诊断的起源与发展 ············ 1
二、课堂微诊断的含义与特性 ············ 3

第二章 课堂微诊断的实践价值 ············ 19
一、指向教学环节内核改进 ············ 19
二、搭建教师专业成长阶梯 ············ 27
三、创新学校校本教研方式 ············ 35

第三章 课堂微诊断的基本面 ············ 46
一、诊断围绕事实性知识的"记中学" ············ 46
二、诊断围绕方法性知识的"做中学" ············ 54
三、诊断围绕价值性知识的"悟中学" ············ 59

第四章 课堂微诊断的主轴线 ············ 68
一、诊断选点较小 ············ 68
二、诊断过程翔实 ············ 74
三、诊断方法精准 ············ 80
四、诊断成效求实 ············ 88

第五章 课堂微诊断的专业视角 ············ 98
一、诊断课程性质 ············ 99
二、诊断教师教学 ············ 116
三、诊断学生学习 ············ 148
四、诊断学习环境 ············ 177

本书精选案例索引

案例1　以学生自主命题提高阅读题审题能力 …………………… 5
案例2　多角度描写情境体验式作文 …………………………… 19
案例3　命题中"双向细目表"的制订与调整 ………………… 28
案例4　课例研究促进青年教师专业发展 ……………………… 39
案例5　图像记忆策略运用于英语短文类课文背诵 …………… 47
案例6　"画两个弯曲线"教学疑难点的破解 ………………… 56
案例7　鱼骨图式设问展现思维课堂之美 ……………………… 60
案例8　一年级学生不良书写姿势的纠正 ……………………… 68
案例9　"乘法分配律"易错问题的改进 ……………………… 74
案例10　运用字理巧辨字 ……………………………………… 81
案例11　让笔下的动词活起来 ………………………………… 89
案例12　给习作开份"分项体检表" ………………………… 99
案例13　数学"解决问题"中的信息提取 …………………… 108
案例14　基于目标达成的教学内容选择 ……………………… 116
案例15　聚焦细节式图解人物赏析 …………………………… 123
案例16　课外多米诺骨牌实验助推数学归纳法课堂教学 …… 131
案例17　序列化模块学习助力新教师教学技能提升 ………… 137
案例18　"层层递进问题串"破解初中数学中考压轴题 …… 148
案例19　当"理答"遭遇"冷场" …………………………… 162
案例20　让数学走向综合实践生活的应用中 ………………… 170
案例21　驱动学生语言内需力的英语语境创设 ……………… 179
案例22　"线性"古诗文阅读课堂学习 ……………………… 186
案例23　在反馈中及时进行针对性操练 ……………………… 197

第一章 课堂微诊断的基本内涵

一、课堂诊断的起源与发展

课堂诊断的核心术语是"诊断",对其内涵的界定旨在寻找一个清晰的逻辑起点。

"诊断"一词从字面上可以分为"诊"和"断"二字。关于"诊"的含义,《列子·力命》中曾说:"诊其所疾。"这里"诊"的意思为看病。而《楚辞·九怀·陶壅》中说:"乃自诊兮在兹。"《庄子·人间世》中也曾说:"匠石觉而诊其梦。"这里"诊"又有了察看、断定和参详之意。① 从"诊"的字义解释,不难发现"诊"与医学有着较为紧密的联系。而"断"的字义解释较多,在宋代苏轼的《石钟山记》中有文:"事不目见耳闻,而臆断其有无,可乎。"此处,"断"代表了判断、裁决的意思。

可以可见,将"诊"、"断"二字合并为"诊断"一词,便具有了两层意思:一为对被诊对象进行察看、参详;一为根据参看的结果做出判定。

"诊断"一词成为日常用语起源于医学界,是一个医学术语。医生根据对病人病情的了解和各种医学检查的结果进行综合分析,从而判断病人所患为何病及所患疾病的原因、部位、性质和功能损坏程度等的步骤和方法,称为"诊断"。医学诊断为医生做出最终的判定及寻找解决方法提供了十分重要的依据。"诊断"在医学中的解释为:医生看病后所做的结论。② 这也印证了"诊断"一词的汉语语义。在英文中"诊断"一词为

---

① 辞海. 上海辞书出版社1989年版。
② 辞海. 上海辞书出版社1989年版。

"diagnose"，意为通过认真地检查，揭示疾病（或错误）的本质属性。[①]这与汉语中的"诊断"一词的意义基本吻合，都表明了对被诊对象先察后断的意思。

"诊断"引入到教育领域，常常与"评价"融生，两个概念既有重合性又有差异性。在过程上，具有高度的重合性。首先，都需要对客体对主体的满足程度进行了解，需要对教育活动进行相关信息的搜集、整理；其次，都要对了解的结果进行判断、分析并下一个定论，也就是要根据所获信息做出一个判定。两者的差异性也是显而易见的：一是两者的前提假设不同。"评价"的前提是了解客体对主体满足的现实情况，并不对客体是否满足主体需要做一个前设。但是"诊断"的前提是确定的，即客体一定存在着对主体需要的偏差。二是由于前设的差异，所以在对客体进行观察分析的过程中，"评价"更注重对客体现实状况的信息进行搜集和判断，而"诊断"则是从对客体的察看中"嗅"出与主体价值尺度相比较为异常的地方。三是虽然两者都要做出最后的评判，但是目的不同。在目的上，一个是从价值的角度对教育活动进行评鉴，一个是为了分析教育偏差，找出原因，为解决教育教学问题服务。精确有效的评价可以为准确的诊断打下良好的信息基础，出色的诊断则可以使评价的价值增值作用得以更充分地发挥。

"诊断"进入中小学教师话语体系，常常又与"发展性评价"画上等号，实际上两者有一定区别。"诊断"强化的是发现问题、分析问题、找出问题产生的原因等过程，在客观上促进发展，"诊断"更注重对价值偏差背后的原因进行分析。"发展性评价"需要以"诊断"为基础，强化的是结果的剖析，"评价"更专注于价值的判断。发展性评价的一些思想、模式、方式、方法可以为诊断活动提供借鉴，而诊断也可以为评价的发展性目的提供有力的支持。

---

① 朗文当代高级英文辞典．商务印书馆1998年版．

第一章 课堂微诊断的基本内涵

二、课堂微诊断的含义与特性

学者们将"诊断"应用到教育领域,产生了独特的教育学术用语,并且给予其独特的含义。

美国学者克拉克和斯塔尔提出,教师看到学生学习中存在的困难,精确地找到这个困难是什么,并发现产生这个困难的原因,这就是诊断。诊断之后的教学必须纠正错误的东西或补足缺乏的东西。没有诊断,教学就没有方向。

我国学者王增祥认为,教学诊断是诊断者依据一定的标准对实际的教学过程进行的比较和评判的活动"。张伟明确指出,"课堂诊断一般是指诊断者通过对课堂教学全过程的看(师生在教学全过程中的活动、表现、情感、态度)、听(师生在教学活动中交流发言和由此反映出的思维状况)、问(了解教师的执教意图与学生的内心感受)等手段,在理性思考的基础上,探究与发现执教老师的教学经验与特色,并发现与研究教学过程中存在的问题,及时提出相关的改进意见的一种教育科研方法。

"课堂教学"是限定于课堂这一特定教学环境中的教学活动,而这种教学活动中"教"与"学"是一对相互影响、相互作用的关系,与此对应的师生关系也是一种变动中的互相交替的主客体关系。它们都有一个根本的目的,就是让学生能学有所得,获得成功,最终实现师生的教学相长。"诊断"则是在对客体价值的观察了解的基础上,发现客体对于主体的价值偏差,并分析找到偏差背后的原因。

汇总多方意见,概括而言,我们可以对课堂微诊断做这样一个界定:在明确课程性质的前提下,以课堂这一特定学习环境内发生的,由教师和学生共同生成的"教"与"学"的空间活动为诊断客体,进行精准考察,并在考察基础上对课堂教学的价值偏差进行分析,最终找到偏差出现的原因,提出改进建议。

课堂微诊断的关键词是"微"。它具有以下四个方面的特性:

1. 内容"微"

"微"指的是关注在课堂教学活动中的"某点"或者某个细节或者某个教学小环节等。诊断的内容选择主要是课堂教学过程各个环节的有价值的细小问题，不进行全程诊课，不是一节课整体诊断。换句话说，课堂微诊断需要对整节课进行切片，可以按教学程序切片，也可以按师生行为切片，还可以按观察目的等角度进行分类切片，然后选取其中一个切片进行，诊断的着眼点是关注教学环节，关注微观层面的教学现象、事件，针对的是课堂教学实践中遇到的一个现象、一个（类）学生、一种教法、一条经验等，诊断的周期控制在一个较短的时间内，所进行的是一种微型诊断。

2. 成本"微"

诊断涉及的范围小、人员少、过程简、周期短，不必大张旗鼓地组织诊断，也不一定兴师动众地麻烦专家鉴定。课堂微诊断倡导每一位教师按照切口要小、着手要准、研究要实的指导思想，从自身的需求出发，从一个个实际的教学实例出发，认真剖析自己的课堂教学行为，寻找课堂教学中存在的问题，做出自我诊断，进而改善教学质量。

3. 观察细微

课堂微诊断过程中，课前，教师要带着诊断意识，去细致分析教学，捕捉可能产生的小而有价值的问题。课中诊断时，观察要敏锐，思考要细致，记录要详细，诊断要深入，努力探究解决问题的良策。课堂微诊断的过程是教师对课堂教学行为进行自我观察、内省、反思与探索的过程，教师在课堂教学的过程中要有意识地、有计划地去解决一些问题，在诊断的过程中，把自己的日常备课、教学过程、教育策略、相关活动的内容，与自己提出的诊断问题紧密结合起来。内省、反思是课堂微诊断的起点，对问题的求证是课堂微诊断的本质。在反思中诊断，在实践中求证。

4. 挖掘精微

我们倡导"把课堂微诊断当作学问来做"，课堂微诊断研究的是具体的小问题，但又不是一己的、个别的问题，而应能由点及面，推而广之，实现"类型化"，是对"类问题"而非"个问题"的研究。由此可见，这样将较好地走出"从实践到实践,从经验到经验"的低层次循环运行状态,能够持续地关注问题,寻找问题的解决方案(例如主要观点、结构模型、操作策略、实施路径、程序、方式等,可能涉及一种或多种),进而不断形成和增大诊断的"深度"。"深度"源自思考,也源自对理论的学习、吸纳、消化和运用。教师把诊断过程中的感悟、体会记录下来,撰写出来作为教学随笔和教学反思等,课堂微诊断就不仅仅是诊断课堂偏差的一种方式,也是教师专业生活的一种方式。

根据诊断者的不同,课堂诊断可以分为专家诊断、领导诊断、同行诊断、自我诊断。如同"教是为了不教",让学生自己学会学习的道理一样,课堂诊断的灵魂在于教师自身学会对当堂教学的诊断,在于发展教师自主性课堂教学诊断力,而不在于形成对其他诊断者诊断的依赖性。教师本身运用"望、闻、问、切"的方法对自己的课堂教学进行细致及时的诊断,发现教学特色及存在的问题,找出症结,快速调动在之前与专家、同行教师一起进行课堂诊断训练活动时所积累的经验和智慧,找出原因所在,准确地调整教学行为,提出改进策略,使得课堂教学效果最优化,"收获先进的教育理念,蕴积灵动的教育智慧"。这是对教师综合能力更深层次的要求,也是教师专业化发展的内在诉求,是发展教师专业判断力的重要表现。

案例1　以学生自主命题提高阅读题审题能力[①]

一、问题分析

小学生在做有关语文阅读理解题目的时候,往往不知从何入手,漏题、错题、偏题者比比皆是,失分现象严重。在每次作业、单元及期末综合练习中,笔者总会遗憾地发现,许多学生解答阅读题错误的原因是没有

---

① 本案例由广州市海珠区菩提路小学陈愉提供。原文题目是《借助学生自主命题以提高阅读题审题能力的实践——以〈语文〉六年级单元综合练习为例》,选用时略有编辑。

看清题目，没有读懂题目的意思。只要教师把题目再读一读，或者让学生再重新做一次，他们就会做了。笔者在教学中也经常遇到这样的情况，综合评价练习卷发下来以后，学生后悔地说："我都会做，怎么就做错了？这么简单的题，当时怎么就做错了？"这种情况，家长、学生和部分老师常常归结为不认真，往往因此给这些学生扣上粗心、马虎的帽子。其实，在粗心、马虎的背后暴露的正是学生对阅读题目审题能力的薄弱。

审题是解题的开始，是正确答题的前提，答题的许多错误往往是学生没有认真审题造成的。审题不严会导致学生在答题过程中普遍存在着机械模仿、随意回答的现象，若习题稍有变化，学生便会错误百出。但审题能力的获得并不是一蹴而就的，它需要有一个学习、积累、反思、巩固、发展的长期过程，审题能力的培养一方面需要学生以一定的知识水平为基础；另一方面还需要学生有良好的读题习惯、有效的思考方法。因此，要提高学生的阅读答题能力，首先要提高学生的审题水平。

二、拟定解决思路

为了解决这个小问题，笔者想尝试一下借助学生自主命题以提高阅读题审题能力的实践。《学会学习：教育世界的今天和明天》中指出："未来学校必须把教育的对象变成自己教育自己的主体，受教育的人必须成为教育他自己的人；别人的教育必须成为这个人自己的教育，学习者应该成为他们获得知识的最高主人而不是知识的接受者。""自主命题"是实现"自主"学习方式的一种有效途径。其核心理论是，教育要以学生为中心，学生应是学习的主体。经深入思考，不妨变以往一味地"教师考学生"为"学生考学生"，以这种师生、生生互动的学习方式，调动学生自主命题的积极性。这样，既提高了学生的阅读理解能力和审题能力，又让老师们摆脱"威逼"学生做题的尴尬局面，既能真实反映学生的学习情况，达到知己知彼的目的，又能充分调动学生学习的自主性，达到共同学习、共同进步的目的。

为此，笔者打算按以下思路开展相关实践。

实践共分为三阶段，分别是：前命题阶段—命题阶段—后命题阶段。其中前命题阶段和后命题阶段为师生共同参与；命题阶段则为学生自主实施。通过"自我研读—命题设计—相互作答—相互评价—教师点评"这一方式开展。其实质就是在教师指导下学生自己教育自己的过程。教师的作用在于激发学生学习语文的兴趣，指导学生阅读的方法和命题的方式，用点评的方式来评价学生的学习成果，进而培养他们自主性学习、研究性学习的习惯和创造精神（见图1-1）。

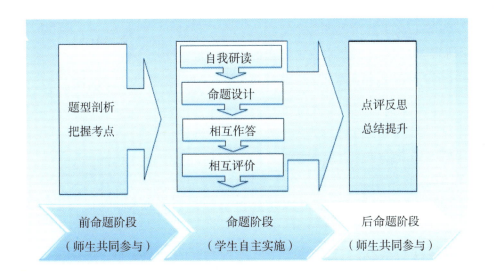

图1-1　学生自主命题实践的三个阶段

三、诊断与改进过程

（一）第一次实施

1. 设计例题

根据《广州市义务教育阶段学科学业质量评价标准》中六年级上学期的"阅读"评价标准（详细见《广州市义务教育阶段学科学业质量评价标准·语文》第169-171页），笔者以某区某学年第一学期小学《语文》六年级综合练习参考内容（一）到（四）中的阅读题为例子，设计不同层次的习题示例，教给学生把握本册教材阅读题型的考点、答题的方法和技巧。

一星、二星、三星、四星及五星题型举例：

★（一星题型）

（1）从文中找出下面词语的近义词或反义词。

（2）摘录短文中描写人物外貌神态或描写天气特点的四字词语。

（3）文中加点的字选择正确读音或在文中括号内选择正确的字或给带点字选择合适的解释。

（4）从文中找出两组反义词。

（5）根据意思从文中找出相应的四字词语。

（6）在文中括号内选择合适的词语。

（7）照样子，写出词语。

（8）根据解释，从文中找出恰当的成语填空。

（9）描写人物五官的词语很多，照样子写两个。

（10）读拼音，把词语写在文中的括号里。

（11）读第2自然段，想象花开的情景，写出三个描写花开的四字词语。

★★（二星题型）

（1）读读文中画"＿＿"线的句子，用"oo"画出描写外公神态的词语，想想外公内心感受是什么？

（2）用"＿＿"在文中画出其中的三句打比方的句子，并仿照句式写一句描写景物的句子。（在文中用"＿＿"画出一个比喻句，用"～～"画出一个拟人句）

（3）你发现画"～～"的句子是一个（　　）。（比喻句、排比句、拟人句）

（4）判断下面的句子采用了什么描写方法，选择准确的答案序号写在括号里。（语言、动作、神态、外貌）

（5）画线句子用了什么写法？这样写有什么好处？展开想象谈体会。

（6）给第4、5自然段空格处加上合适的标点，注意准确使用双引号。（引号的作用）

（7）填空：凡是＿＿的信就被称为"死信"。

第一章　课堂微诊断的基本内涵

（8）选择合适的关联词语填空。（如果……就……、无论……都……、不仅……还……、即使……也……）

★★★（三星题型）

（1）课文写了小镇的早晨有（　　）、（　　）、（　　）等特点。

（2）因为少了一个铁钉，连锁反应产生了，请你填一填：少了一个铁钉丢了（　　）—丢了（　　）—败了（　　）—败了（　　）。

（3）请写出作者游览的顺序：（　　）—（　　）—（　　）—（　　）。

（4）根据提示概括第4至第6自然段的内容（以小标题的形式）（身先士卒）—（　　）—（　　）—（英勇牺牲）

（5）关于"写到天堂的信"，表达错误的是（　　）。

（6）用一句话概括本段大意。

（7）你知道蝙蝠夜里飞行靠什么吗？用几句话写下来。

（8）根据你对以上一段话的理解，将下面句子的意思补充完整：生命是短暂的、有限的，但是我们却不能（　　），而要（　　）。

（9）根据短文填空：第2至5自然段介绍了三峡的（　　）、（　　）、（　　）三个特点；第6至第9自然段介绍了（　　）。作者表达了对三峡（　　）的感情。

★★★★（四星题型）

（1）根据短文内容填空：这个故事讲了一次（　　）的战斗中，马夫（　　）铁匠（　　），由于时间紧张，铁匠（　　），结果（　　）。

（2）这个故事告诉我们（　　）。

（3）为什么听了王立行的话，小苹只能干瞪眼？

（4）读画线句子，完成练习：①弗雷德当时心情是怎样的？②如果你是他的朋友，你会怎样安慰和鼓励他？

（5）你还知道人们根据动物的什么本领，发明了什么物品吗？

（6）比较下面的句子，说说加上带点的词语句子意思有什么不同，写在横线上。

（7）读读下面的句子，体会带点的词语的好处，并把体会写在横线上。

(8) 短文写了关于父亲的两件事：第一件（   ）；第二件（   ）。

★★★★★（五星题型）

(1) 你喜欢王立行吗？联系短文内容说说你的理由。

(2) 短文为什么要用"诚实与信任"作题目？谈谈你的理解。

(3) 读读文中画波浪线的句子，联系短文，谈谈你对这句话的体会。

(4) 文中最后一个自然段为我们展示了弗雷德的改变，他为什么会有这样的改变呢？

(5) 这篇文章让我们感到战争的可怕，你想到用什么方法，向大家呼吁和平？

(6) 联系生活实际，想想你知道哪些人（或哪个人）是按以上这段话所表达的思想来生活的和面对生命的。试举一个例子说明并写下来。

(7) 结合短文内容，用一两句话谈谈你对文章的妈妈或小孩儿的看法。

(8) 你认为文中的父亲是一个怎样的人？

2. 布置作业，组织评选

以作业的形式布置学生以六年级《语文》上册教材中第152－172页的8篇选读材料为阅读命题材料，自己研读。

学生根据命题要求，任选其中一篇感兴趣的选读材料进行命题设计，以从易到难的原则，共设计5道题目（分别为一星题、二星题、三星题、四星题和五星题）。以下是学生为六年级《语文》上册课后选读文章《林海》设计的阅读题目：

★从文中找出这些词语的近义词：

查证（   ）　增加（   ）　描画（   ）

★★在文章的第四自然段中找出一句拟人句并用横线画出来。

★★★作者围绕大兴安岭，写出了它（   ）、（   ）、（   ）的特点。

★★★★联系上文，请说说文中最后一句话的含义。

★★★★★你还读过老舍先生的哪些文章？你喜欢他的作品吗？说说你的理由吧。

学生上交命题作业后,教师组织学生在课堂上开展班级讨论交流,以小组评比方式进行相互作答、相互评价分析,比较优劣,最后教师归纳总结。

3. 分析效果

笔者采用"5W2H"分析法对实践活动进行分析,结论如表1-1所示。

表1-1 "5W2H"分析

5W2H	层次1	层次2	层次3	层次4	结论
Who	六年级学生	六年级小学生具备一定的自主学习的能力	其他年级学生相对欠合适	六年级处于小学与初中的衔接年段,有助于培养其自我学习与评价的素养	六年级的学生最适合
When	单元复习及期末总复习阶段	对所学的重点难点的进一步的回顾,有利于学生有目的地开展复习	避免与新授课重叠	对于整册教材的知识点的梳理更为系统,易于归纳	期末总复习阶段
Where	学校和家	这两个地方都是学生主要的学习场地	学校相对嘈杂,且受学校课时编排制约	因为在自主命题阶段,全体学生皆需进行研读、作答及评价,需要一个更为安静独立的空间	学生的家
Why	审题问题引起阅读题目失分现象严重	学生对考点掌握不到位,在被动、浮躁的心态下对题目要求和理解出现偏颇	避免不必要的失分因素	其他失分原因与之相比,人为可控因素稍差	审题问题引起阅读题目失分现象严重

续上表

5W2H	层次1	层次2	层次3	层次4	结论
What	学生自主命题	尝试转换角度，与编题者角色互换，站在编题者的立场上思考问题并做出回答	自主命题促使学生更容易理解题目要义	在相互命题、评价中提升阅读题的审题能力	学生自主命题
How	在教师引领下进行题型剖析和把握考点后自主设计命题	更好地促使学生明晰考点要求，并在自主命题中体会审题的重要性	暂时没有想到更为合适的方法	既能让学生感受当编题者的乐趣，也可调动学生认真完成阅读题的热情	考点、题型分析—自我研读—命题设计—相互作答—相互评价—教师点评
How much	以设计一篇阅读文的题目（5道）为单位，一般需花费20～30分钟	自我阅读4～6分钟；设计题目8～12分钟；编写答案8～12分钟	至少20分钟	阅读、命题、编写答案需经过学生的深入思考、提取并重整有关信息，但如所花时间过长也会影响其自主命题的积极性	20～30分钟
程度		低━━━━▶高			

此次实践，在前命题阶段，通过教师对4次单元综合练习中的题型的归纳和考点总结，对学生进行第一次知识迁移能力培养；再于命题阶段，让学生自己模仿相关题型研读并设计5道五星级的阅读题目；并在后命题阶段进行班级讨论分析，比较优劣，由教师归纳总结，对学生进行第二次知识迁移能力培养。无论是课前准备还是自己当命题小老师自主命题，评价等方面均显示出学生探究问题的兴趣和积极性，凸显了学生学习的主体地位，变教师机械式传授知识为学生主动学习和接受知识。从实践中笔者欣喜地发现，自主命题的实践的确能调动学生阅读文章和完成阅读题的积极性，学生对阅读题目考查的要求及问题的理解和分析能力也有了初步的

提高。在实践中笔者也发现了一些问题：

（1）课堂的时间有限，学生相互作答及评价不充分。受六年级语文课时所制约，教师可利用的堂上时间不多，第一次实施过程中的"后命题阶段"，笔者按计划给了学生们 40 分钟的交流时间，但让笔者始料不及的是，一个学生提出了他的 5 道阅读题后，邀请全班同学作答，学生们七嘴八舌地发表自己的答题想法，之后命题学生还要一一予以相应的回应和评价，几个来回结束后便足足花了 25 分钟，剩下 15 分钟笔者只好再让两名学生提问后便做总结点评……可见，在相互作答和评价的环节，如果只停留在课堂上实施与检测，学生互动的"面"是远远不够广的，真正"动"起来的只局限于某几名学生，其他阅读理解能力稍差的学生则比较沉默，依然没有得到有效的训练与实践。

（2）学生的阅读答题比较马虎。相比起阅读题目设计的用心，学生的答题则显得不够严谨，有的只有草草几笔，欠细致周详。针对这个情况，笔者不禁反思自己对"命题"要求的制定，想着是否尝试让学生通过"回家完成作业（笔头表述）的形式"落实相互作答及评价的过程，以便更好地训练学生的审题及答题能力。

（二）第二次实施

1. 设计例题

根据《广州市义务教育阶段学科学业质量评价标准》中六年级《语文》下学期的"阅读"评价标准（详细见《广州市义务教育阶段学科学业质量评价标准·语文》第 183－185 页），笔者以某区某学年第二学期小学六年级《语文》综合练习参考内容（一）到（四）中的阅读题为例子，继续教给学生把握本册教材阅读题型的考点、答题的方法和技巧。

2. 布置作业，组织评选

指定阅读及命题素材：六年级《语文》下册配套同步阅读资料（人教版）《苗疆古城——凤凰》，学生自我研读，编写一星至五星共 5 道题目。学生上交命题作业后，笔者组织学生以四人小组为单位利用早读及午读时间进行相互口头作答、评价。

3. 习题作答与评价

学生以同桌为单位，两两交换命题作业，回家针对同桌所编写的阅读题目独自作答。

《苗疆古城——凤凰》学生阅读命题及作答五星题示例如下：

★（一星题目）

（1）请分别从文中找出三个或以上的颜色词语，并写在横线上。（金色、绿色、苍松翠柏）

（2）根据意思，从文中找出相应的四字词语。

时而出现时而消失。（若隐若现）

形容一看到美好的事物，精神上得到很大的满足。（一饱眼福）

★★（二星题目）

（1）那里山清水秀，人杰地灵，人才辈出，凤凰县的历史可一直追溯至先秦，古称（　　），清朝在此屯军，改称（　　）。

（2）判断下列句子是否正确，对的打"√"，错的打"×"。

①凤凰县城西邻贵州的松州和铜仁。（　　）

②奇梁洞里的景点只有云雾山、天堂、浓雾和阴阳洞。（　　）

③凤凰城里的人爱哼京腔。（　　）

★★★（三星题目）

（1）"凤凰犹如一幅浓墨重彩的山水画"，运用了（　　）的修辞手法，将（　　）比作（　　），请你也写一个类似的句子。

答：这里把凤凰古城比作一幅浓墨重彩的水墨画，用了比喻的手法，突出了凤凰的美丽，让人感到美不胜收，如痴如醉。类拟句子：秋天金黄色的落叶，像一只在风中翩翩起舞的蝴蝶。

★★★★（四星题目）

（1）第五自然段中的月影坠落江心中的"坠落"可以换成其他词语吗？为什么？

（2）清浅的沱江，穿老城而过，红色砂岩砌成的城墙伫立在岸边，南华山衬着古老的城楼，城楼还是清朝年间的锈迹斑斑。这里的"锈迹斑斑"能除去吗？

答："锈迹斑斑"不可以删去，因为它的意思是指很多生锈的地方。这句话讲了铁门很旧，有一定的历史。如果删去这个词，就不能体现出它的历史悠久。

★★★★★（五星题目）

（1）文中最后一句"他们是凤凰城的骄傲"是什么意思呢？联系文中的句子，谈谈对自己的体会。

答：凤凰城与人的融合，把凤凰城的美与人的美融合得天衣无缝，比如那里山清水秀，人杰地灵，人才辈出，让我们体会到了凤凰城的独特的美。

（2）联系生活实际，请你说说"碧绿的江水从古老的城墙下蜿蜒而过，叠翠的南华山倒映江心，江中渔船数点山间，暮鼓晨钟，青烟袅袅，码头边的导医姑娘笑声朗朗"这句话的意思。

答：凤凰城中的人们，自由自在地在大自然中生活，那里的水没有污染，在白天、夜晚倒映出一幅美丽的画。我从导医姑娘的朗朗笑声中体会到：姑娘们亲密无间，无话不说，亲人一般相处。我们住在大城市内，却没有这么多有趣的事。如果有机会，我一定要去凤凰古城感受一下当地人的生活。

学生作为"小老师"对答题者的作业予以细致批改及评价。下面是学生自主批改示例：

（3）文中最后一个自然段中为什么要介绍一些名人呢？请联系你的生活实际谈一谈。

答：因为他们浴血抗英，不断维护民族尊严，为凤凰古城付出最多，成为凤凰古城的骄傲。

学生点评：你只回答了前一个问题，还欠第二个问题。

（4）你喜欢苗疆古城凤凰吗？联系短文内容，说说你的理由。

答：我喜欢苗疆古城，因为它环境优美，比如文中讲到一道清溪婉转，跨过清溪栈道，古树夹道，怪石嶙峋。不仅如此，它还是许多爱国名贤的故乡，比如怒斩外国不法传教士的田兴恕、民族英雄郑国鸿、文字巨匠沈从文等等，因此我非常喜欢这座古城。

学生点评：不错，你能紧扣短文完整地回答。

4. 分析效果

第二次的实践，因为指定了全班阅读及命题的素材，更有利于学生共同开展阅读题目的设计和答题评价。与此同时，在作答和评价环节，分为"口头"和"笔头"两个阶段，让学生先在由四人组成的小组中尝试口头作答及评价，给予了学生广泛发言、锻炼自己及彼此学习的机会；之后再布置笔头作业让学生与同桌两两交换，回家进行答题训练，弥补了校内课堂上时间的不足，真正让全体学生"动起脑袋动起笔头"，落实审题能力的训练。学生所设计的题目也很好地把握了考点，答题的态度细致而认真，质量也有了很大的提升。

在整个实践过程中，学生身兼数"职"——既是命题者又是答题者，既是评价者又是被评价者。多角色的切换，让他们懂得站在不同立场多方面思考，学会静下心来审视阅读题的不同表述，由此内化并提炼出自己的答题方法。如，有些孩子会在审题时特别用红笔给题目的关键词标注，以便确保答题的准确性。下面是学生审题时的自主标注示例。

★★（二星题目）

请联系生活理解下列的词语。

（1）伫立：形容某些人或事物很笔直地站着。

（2）威武：指有些人很厉害，威风凛凛的样子。

★★★★（四星题目）

（1）联系短文说说凤凰古城"风景优美"表现在哪里？

答：凤凰古城就如仙境一般，特别是恍若一条条时空隧道，从空中穿行悬崖上的吊脚楼，青烟袅袅，两岸的烟村云树和建筑物都映入明净的水中，让人去过一次，还想去第二次，更使人流连忘返，这难道不是人间的仙境吗？

在认真查阅学生们的作业后，笔者欣喜地发现：学生们的命题能力比第一次有了很大的飞跃，所设计的题目丰富而且内容广泛，题目的排列也体现了一定的难易梯度，做出的回答也多有创意，表现出一定的创新能力。下面是一个学生创新题目设计示例。

(2)本文描述中的凤凰古城十分美丽,你还去过别的什么美丽的地方吗?请对比一下凤凰古城,谈谈你的感受。

答:我去过广东省广州市的广州塔,那里也非常的漂亮。广州塔的别名是"小蛮腰"。因为她两头有点粗,中间却很细。她虽然不像凤凰古城那样山清水秀,但也有绚丽多彩的一面,当夜色降临的时候,她就会发出彩色的光芒,下面的广场上也有彩灯和"流星雨",让她显得更加美丽,更加动人。

四、反思与收获

(1)学生自主命题凸显了学生的主体地位,促进了教师和学生的教育和学习理念的更新及转变,激发了学生完成阅读题的兴趣和热情,增强了学生答题的自信感。两次的实践结果反映出学生审题能力的提升,显示了该方法有一定的可操作性和效果(见表1-2)。

表1-2 实践前后学生完成综合练习卷阅读题目的答题情况

时间	全班平均得分(阅读题目总分30分)/分	因审题导致失分所占比例
实施前	24.5	36.4%
第一次实施后	25.8	10.2%
第二次实施后	26.3	7.3%

(2)自主命题合乎课程标准的要求,是"自主性学习"和"研究性学习"中的一种学习方式。学生在实践中相互作答,相互评价,既培养了其参与意识,也促进了他们在共同学习中取长补短,共同进步。

(3)学生在自主命题的实践中,通过角色的转变,换位思考,学会站在编题者的立场思考问题,梳理有关知识点并厘清重点难点,且做出准确回答。

(4)可考虑增加相关的奖罚评比机制,如进行"我是最佳编题者""火眼金睛——审题我最棒"等评比来维持学生自主命题的热情。

(5)可考虑进一步细化题目设计的要求,如通过思维导图的形式先让学生归纳好各单元的考点,然后根据考点对题型进行模型设计。促使学生阅读更多文章，打开思路，设计更具创新性的题目并最终落实阅读题答题能力的培养。

点评：

阅读是语文学习的重大任务之一，阅读能力的培养涉及方方面面的因素，陈老师在本案例中主抓阅读审题能力以发展学生的综合阅读能力。通过日常细致的观察，她发现学生普遍存在的一个阅读"痛点"在于审题不细。针对这一学习偏差，她在形式上独辟蹊径地采用了"学生自主命题，互考互评"的换位处理方式激发学生的参与感，并以"5W2H"分析法评估干预策略的绩效。纵观整个案例，它非常符合课堂微诊断"内容微、成本微、观察细微、挖掘精微"的四大特点。如选题不是培养阅读能力的核心——理解力，而是审题习惯；成本不涉及购置物品，仅花费学生个人60～80分钟的学习时间；既用到"5W2H"分析法多维分析效果，还通过统计两次实际作答成功率明确成效；教师在明确研究效果的同时，最后还对日后进一步深化处理提出"增加奖罚机制""使用思维导图梳理知识点"等措施以提升研究成效。

第二章　课堂微诊断的实践价值

一、指向教学环节内核改进

当前课堂教学存在的最主要问题是，部分学校和教师忽视教学的科学性，不从学生的认知规律出发，课堂教学的随意性大，如教学目标不明，教学流程或节奏不清，课堂中师生双边活动低效，甚至无效，不能及时把握和运用课堂的生成资源，课堂教学的气氛僵滞、呆板，缺乏应有的灵动和生气等，这些问题均指向教学环节内核的改进。课堂微诊断的目标指向是发现存在问题，分析产生的原因，商讨和提出解决问题的路径和方法，使课堂教学从结构到流程，从教法到学法，从预设到生成，都行走在科学的轨道上，都符合教育教学规律，符合学生身心发展规律。尽管通过教学考评、学生成绩评定、课堂评价可以帮助教师了解教学的质量，但是这些办法都不是以发现和分析教学问题为直接目的的。而课堂微诊断则可以像捉虫子一样，把教学问题给"揪"出来。从这个角度讲，诊断可以让教师不但知道自己的教学现况如何，还可以了解教学的问题所在。因此，课堂微诊断可以为教师的教学管理和改进提供有用的信息，帮助教师制订更有针对性的管理和改进策略，让学校的教学更加合理、科学。

案例2　多角度描写情境体验式作文[①]

一、问题分析

长久以来，语文的作文教学主要以"作文课"的形式进行，指导过程

[①] 本案例由广州市第九十七中学的唐碧莹、张彦、林琳提供。原文题目是《情境体验式作文〈调动感官，多角度描写〉的跟踪改进》，选用时略有编辑。

缺乏具体的体验，往往使学生感到厌烦，感到无话可写、无情可抒，故无病呻吟之作屡见不鲜。叶圣陶老先生说过："写作的根源在于生活，脱离生活，写作就无从谈起。"我们发现很多作文教学已严重脱离了学生的生活实际。因此，《语文课程标准》要求学生写作应贴近生活，有真情实感。在《语文课程标准》实施建议部分，更是倡导"为学生创设良好的自主学习情境，有针对性地组织和引导学生在实践中学会学习；鼓励学生积极参与生活，体验人生，关注社会热点，激发写作欲望；引导学生表达真情实感，不说假话、空话、套话，避免为文造情"。

目前，不少学生描写时不知道从哪里开始观察，或者观察到的内容很有限，甚至有的学生下笔写作的时候觉得无话可说。究其原因，很大程度上是因为学生们在观察的时候往往只动用了自己的眼睛，而且观察得不是很仔细。只有善用各种感官多角度进行观察，才能获得对事物的完整认识。学生学会多感官、多角度观察，才能使观察更具敏锐性、精确性，发现人所未见的东西。

二、拟定解决思路

首先，布置与生活相关的具体任务。"学生作文的过程就是认识世界、感悟生活、认识自我的过程。"（魏书生语）因此，我们要从学生的生活入手，例如利用"感恩节"让学生回家用自己的行动表达自己的感情。我们具体设置了一个切实可行的任务——做一道菜给父母尝尝。任务的设置接近学生的思想、生活的实际情况，使学生面对这一任务没有陌生感并且乐意去做。在活动中，通过教师的有效引导，学生可以真切地感受到生活中的人事和情境，为本次及以后的写作积累一定的写作素材，改变学生写作时"无话可说、无情可抒"的现象。其次，从真实的活动回归到写作，引导学生细化写作过程，帮助学生提升写作能力。

我们采取先写后改的形式进行。让学生先自由写作，畅所欲言，抒发他们心中所想，让他们愿意写出自己的所见所闻所想。然后为学生引入经典范例，帮助学生梳理表达的技巧。再进一步帮助学生对照梳理自己的优劣，通过模仿等方式提升自己的表达能力。

拟定解决思路如下：

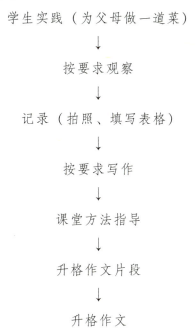

三、诊断与改进过程

（一）第一次实施

先在课堂上进行写作技巧的点拨，以荣华蛋挞为例教给学生观察和描写的方法。调动视觉观察，如"看上去，是……（形状）""像……"；调动嗅觉观察，如"闻起来，是……（气味）""像（以前）闻到的……"；调动触觉观察，如"摸上去，是……（感觉、硬度）" "像……又像……"。引导学生巧用动词、拟声词、叠词修饰（联想）进行多感官描写。再从课内延伸到课外，让学生在家给爸爸、妈妈做一道菜。对照表格的要求，进行细致的观察和记录，再将做菜的过程写成文章。结果发现，大部分学生能完成观察表格的填写，但是观察欠仔细，调动多感官进行观察、描写仍做得不太到位。

学生第一次观察记录（示例），如表2-1所示。

表2-1 第一次观察记录表

多角度观察	菜名	幸福土豆丝
	形（视觉）	土豆在盘里纵横交错地躺着，有的粗，有的细
	色（视觉）	光鲜亮丽，黄橙橙的；或者稍微有点暗
	味（味觉、嗅觉）	第一感觉是有点辣，一咬一嚼，辣味尽消，只剩下脆脆的、没有味儿的外躯
	香（嗅觉）	蒜的味道烘托着土豆的味道，散发着诱人的香气
	其他（听觉、触觉）	有种还未熟透的感觉，不过脆脆的、辣辣的，还挺好吃的

采用"5W2H"对第一次实施情况进行诊断，情况如表2-2所示。

表2-2 "5W2H"分析（第一次实施）

5W2H	层次1	层次2	层次3	层次4	结论
Who	初一（5）班学生	学生是初一新生，且本班教师为课题组成员，便于开展课题研究	本次试课的是普通班，重点班的学生根据本次上课的情况，调整教学内容	重点班的学生配合度会更高	下次课定一个重点班进行改进
When	周二	作文课时间	没有更合适的时间	无	课后进行第二次磨课
Where	初一（5）班课室	本班课室授课	没有更合适的地点	无	第二次试课在重点班
Why	给跟岗教师上展示课	本节课是本单元教学难点	突破教学难点，提高学生的写作水平	不会多角度观察、写作是我校本届新生比较突出的问题	以我校学生的写作现状作为本节课设计的依据
What	第一次磨课	精选教学内容，设计教学活动，进一步实践	为本年级学生设计本课是更合适的原因	无	进行第一次试课

续上表

5W2H	层次1	层次2	层次3	层次4	结论
How	上课，课题组成员及其他同事听课	集思广益	没有更合适的事件	无	上课、听课、评课
How much	学生在家进行菜式的烹饪并完成写作，费用由学生个人家庭支出	根据学生各人选取的菜式，选购不同的食材。费用不一	没有更合适的方式	给学生创设情境，以获得更好的体验，费用合理	学生在家进行菜式的烹饪并完成写作，费用由学生个人家庭支出
程度		低→高			

【第一次实施效果评价】观察是写作的前提，是提高学生作文能力的第一步。只有对事物进行全面细致的观察，并有切实深入的理解，才有可能准确地去反映它，从而写出好的习作。因此，作文教学要把观察能力的培养放在重要位置。此次体验式作文课旨在引导学生去观察、体验生活。通过本课的学习，学生们感受到了观察时多种感官综合运用的好处，也更明白了只有充分调动自己的感官才能使观察更加细致。观察习惯的养成，需要学生能将课内习得的方法运用于课外生活中，不能局限于课堂上，目光要投向广阔的生活空间，渐渐养成观察记录生活的习惯，积累丰富的素材。从课内到课外，需要教师搭建桥梁，开发课外教学资源。在家给爸爸、妈妈做菜，可操作性比较强，便于学生进行观察、记录和写作，有利于学生积累写作素材，同时也有利于提高学生的表达能力和书写水平。希望以此为契机，引导学生多观察多写，不断提高写作水平。不少学生观察记录表填写情况不太理想，部分学生不能完成表格的填写，不能调动多感官进行观察和描写，作文内容欠充实。教师针对这一问题进行研讨，修改教学设计，拟选择另一班级试教、磨课，再在全级铺开此次活动。

为此，我们开始进行跟踪和改进。

（二）第二次实施

教师先在自己任教的班级上课，由于对教室和学生的熟悉度高，课堂的配合度明显提高,但因为是公开课,学生较平时紧张。与第一次课的普通班相比,本次课的学生接受程度比较高。整节课的流程都很顺畅,最后能圆满完成输出任务的检查。难得的是,学生对于调动多感官观察、描写理解更到位,观察更为细致,所写文字与观察紧密联系起来。本次流程中,除了让学生学会观察、记录并形成文字之外,还进行了作文的升格。大部分学生的反应较好,基本上所有的学生都愿意动笔写文章。并通过小组比赛的方式,将全班分为四个组,每组添加一个角度,写有余力则抢占其他组的先机,每组选一个代表在黑板上板书,组内同学如有更优秀的句子则继续添加。10分钟内看哪组同学写得又快又好。让每组的代表上台在黑板上展示自己认为写得最好的句子时,学生能够学以致用,调动眼、耳、鼻、舌等感官将所观察到的食物的形、色、香、味等写下来,在小组比赛环节较为积极,表现活跃。在大家集体的智慧下,一篇普通的文章升格为一篇妙趣横生的佳作。

学生第二次观察记录,如表2-3所示。

表2-3 第二次观察记录表

	菜名	青瓜炒鸡蛋
多角度观察	形（视觉）	青瓜细长细长,像一条条小舟,在盘里静静地躺着
	色（视觉）	黄绿相间:青瓜嫩绿嫩绿的,水灵灵的,光鲜亮丽;鸡蛋黄橙橙的,泛着油光
	味（味觉、嗅觉）	一口咬下去,青瓜脆脆的,水分充足,汁液甘美,有点甜;鸡蛋软软的,有些粉。二者融合在一起,让人回味无穷
	香（嗅觉）	热气腾腾中一阵诱人的清香扑鼻而来
	其他（听觉、触觉）	油"嗞嗞嗞"地响着,在锅里欢乐地跳舞

学生例文片段（升格前）:

第一,倒油入锅;第二,等油的温度到一定程度后下鸡蛋;第三,等鸡蛋炒熟后盛起来,下盐、油、糖、鸡精等佐料;第四,倒入青瓜,开始翻炒;第五,在翻炒中盖上锅盖让青瓜入味;第六,将鸡蛋倒入锅内继续翻炒，让青瓜和鸡蛋互相入味；最后，这道菜在我和妈妈的共同努力下完成了。

学生例文片段（升格后）：

首先倒油入锅，等油的温度到一定程度后下鸡蛋，油"嗞嗞嗞"地响着，在锅里欢乐地跳舞；等鸡蛋翻炒至黄橙橙时，随之下盐、油、糖、鸡精等佐料，一股浓郁的鸡蛋香味溢满厨房。然后，将鸡蛋盛起来。倒入青瓜，开始翻炒。一条条嫩绿的青瓜犹如一只只顽皮的绿精灵在锅里畅快地翻滚。加入盐、鸡精等佐料，这些细小的分子随着翻滚，悄然地渗入到青瓜中，与青瓜发生微妙的反应，青瓜也渐渐舒展，柔软起来，颜色稍微暗了些。最后，将已经炒熟的鸡蛋再次倒入锅内与青瓜融合，青瓜和鸡蛋黄绿相间：青瓜嫩绿嫩绿的，水灵灵的，光鲜亮丽；鸡蛋黄橙橙的，泛着油光，煞是好看。热气腾腾中一阵诱人的清香扑鼻而来。盛在盘中，拿起筷子夹一块青瓜送入口中，感觉脆脆的，水分充足，汁液甘美，有点甜；吃一口鸡蛋，感觉软软的，有些粉。二者融合在一起，让人回味无穷。

采用"5W2H"对第二次实施情况进行诊断，情况如表2-4所示。

表2-4 "5W2H"分析（第二次实施）

5W2H	层次1	层次2	层次3	层次4	结论
Who	初一（4）班学生	学生是初一新生，且本班教师为课题组成员，便于开展课题研究	本次试课的是次重点班，水平适中，适应本课题难度	本班的学生配合度较好	选择初一（4）班的学生
When	周四	作文课时间	没有更合适的时间	无	进行录像
Where	初一（4）班课室	本班课室授课	没有更合适的地点	无	在初一（4）班教室
Why	给跟岗教师上展示课	本节课是本单元教学难点	突破教学难点，提高学生的写作水平	不会多角度观察、写作，不懂升格作文是我校本届学生比较突出的问题	以我校学生的写作现状作为本节课设计的依据

续上表

5W2H	层次1	层次2	层次3	层次4	结论
What	展示课	精选教学内容，设计教学活动，进一步实践，升格作文	为本年级学生设计本课会是更合适的原因	无	上展示课
How	上课，课题组成员及其他同事听课	集思广益	没有更合适的事件	无	上课、听课、评课
How much	学生在家进行菜式的烹饪并完成写作，费用由学生个人家庭支出	根据学生各人选取的菜式，选购不同的食材。费用不一	没有更合适的方式	给学生创设情境，以获得更好的体验，费用合理	学生在家进行菜式的烹饪并完成写作，费用由学生个人家庭支出
程度		低→高			

【第二次实施效果评价】按照"5W2H"的四层次分析，本次课已经选取了最合适的客观条件。根据学生在课堂上的反应，本节课对于学生的定位还是比较准确的。在观察角度、描写方法的学习中，同学们都表示能很好地领悟。在最后输出任务的时候，学生的作品都可圈可点，并且能够现场点评，甚至拓展，圆满地实现了本节课的预期目标。不过因为是展示课，有较多外校老师在场，有些平时写作较好的学生怯场，没能上台展示，这也是比较遗憾的。

四、反思与收获

本次跟踪改进的课例将生活和作文联系起来，并且让学生当堂升格作文，在课堂实践中证明了一定程度的有效性。笔者设计时总结了以下原则：一是导入要有趣味，从古希腊人碰杯的故事导入，引出多感官观察的效果。二是观察的方法应该与学生一起在堂上生成，而非直接由教师告知。要做到这点，必须精心挑选一篇调动了多感官描写的典型文章，进而让学生学会借鉴，总结方法。三是升格文章之前需要在本班挑选一篇缺少描写的文章，以便更好地让学生发现问题，活学活用进行升格。四是应提醒学生，作文的素材来源于生活。写作如煮菜，只有充分调动我们的眼、耳、口、鼻，多听、多闻、多看、多思、多写，这样才能做出一道色香味俱全的"好菜"！调动多感官，多角度描写，作文的素材才能信手拈来，作文的内容才能妙笔生花！

点评：

如何作文是师生共同关注的话题。唐老师在作文教学中，让学生体验生活，感受生活，且在生活体验中给予一定的方法指导；同时，唐老师按照每个课堂教学小环节，设立不同的学习目标，采用"5W2H"分析法，尊重学生主体，进行改进分析，调动学生的器官，多角度进行观察并描写，表达真情实感，促使学生水到渠成地写出文章，提高学生写作的兴趣和能力。

二、搭建教师专业成长阶梯

课堂微诊断中的核心词是"诊断"，"诊断"主要偏重于对问题"病症"的辨析与判断。教师在日常的课堂教学中，不可避免地会存在着这样或那样的问题和不足，这些问题往往制约着教师的教学水平，从而影响教学质量的提高。在课堂微诊断的初级阶段，诊断者给予教师清晰的诊断说明，教师根据诊断做出自身的调整，这也是教师专业化发展的客观要求。在课堂微诊断成熟阶段，即教师自我课堂教学诊断力发展起来的时候，教师便可进行自如的判断和调整。苏联著名教育家苏霍姆林斯基曾指出："只有善于分析自己的工作的教师，才能成为得力的、有经验的教师。在自己的工作中分析各种教育现象，正是向着教育智慧攀登的第一个阶梯。"[①] 在教师中倡导与开展课堂微诊断，正是引导教师更好地关注和分析各种教育现象，学会深入思考事实的本质，思考事实之间的因果联系，因而，它必然成为教师成长与发展中的"第一个阶梯"。

---

① 苏霍姆林斯基. 给教师的建议. 教育科学出版社 1984 年版。

案例3　命题中"双向细目表"的制订与调整[①]

一、问题分析

命题在新课改实施中起着教学导向与质量监控的重要作用，是课改成败的关键环节之一。命题关系到教学评价是否科学，是教师教学基本功的重要组成部分，命题能力体现教师的专业水平。一份试题的科学性和有效性不仅体现教师对课标、教材的理解与把握程度，也体现了教师对学生的研究深度、对学生学习的了解程度。作为一名教师，要能够编制出高质量、有实效的题目。为了提高命题的科学性、针对性和实效性，我在小学五、六年级进行了数学综合练习命题的研究，并逐步建立综合练习的题库。

运用"双向细目表"来命题，是一种规范化管理考试的科学方式。在每个学期进行期末综合练习前，广州市海珠区教研室也会下发各年级各学科的"双向细目表"，以指导教师有重点、有目标地组织复习。因此，我在命制五年级上册期末综合练习样卷时，也想尝试先制定对应的"双向细目表"，再进行具体样卷题目的命制。

二、拟定解决思路

美国著名教育心理学家布鲁姆提出，制订"双向细目表"需根据认识领域里的教育目标分类体系，结合本学科的具体特点，由任课教师或专家共同研究确定。"双向细目表"由三个要素组成：第一是考查目标，即"考什么"的问题，体现了该门课程要求学生应具备的具体能力；第二是考查内容，反映了课程的基本纲要或内容体系；第三是考查目标与考查内容的比例，反映了考查目标和考查内容各项目之间的相对重要性。以上三个要素中，本次命题最容易确定的就是第二个要素，考查内容就是五年级

[①] 本案例由广州市海珠区宝玉直实验小学陈婕提供。原文题目是《命题中"双向细目表"的制定与调整——制定五年级上册期末综合练习"双向细目表"的跟踪·改进实例》，选用时略有编辑。

上册数学课本里面的学习内容。而第三个要素，考查目标与考查内容的比例，要确定就要先把考查目标确定。所以，在制订五年级上册期末综合练习的"双向细目表"前，我首先考虑的是第一个要素——确定具体的考查目标。

首先，我认真查看了《小学数学课程标准2011版》。它对于教学目标的制订有两类行为动词，一类是描述结果目标的行为动词，包括"了解""理解""掌握""运用"等；另一类是描述过程目标的行为动词，包括"经历""体验""探索"等。期末综合练习采用的是纸笔考试的形式，因此，重点考查的目标基本锁定在第一类描述结果目标的行为动词上，即"了解""理解""掌握""运用"。

然后，我在各个学科制订的"双向细目表"中发现，有的学科是使用行为动词来作为考查目标的，有的学科则是按照考试的题型来制订的。结合数学科的学科特点来考虑，数学科纸笔考查的题型一般有"填空题""判断题""选择题""计算题""操作题"和"解决问题"等题型。其中，"填空题""判断题""选择题"集中考核学生对知识点的了解、理解、掌握这几个层次，而"计算题""操作题"主要在掌握、应用的层次上，"解决问题"则侧重在应用的层面。可以说这几个层次是从最简单的、基本的到复杂的、高级的认知能力过渡，前一个目标都是后面目标的基础。而且在"填空题""判断题""选择题"中，因为涉及的知识点比较多，很难清晰划分每一道题所包含的考查目标分别占多少权重。我区数学教研室发到学校的"双向细目表"就是以考试的题型为其中一个维度的。因此，我也决定把第一要素考查目标改为用题型来进行划分。

三、诊断与改进过程

（一）第一次实施

确定好"双向细目表"的两个维度后，我进入了制订试题阶段。首先，我把考查的题型制订为横向纬度，分别有"填空"、"判断"、"选择"、"计算"和"解决问题"等题型；把考查的内容制订为纵向经度，分别有"小数乘法"、"位置"、"小数除法"、"可能性"、"简易方程"和"多边形的面积"等内容。然后，为了避免在考查过程中出现知识点的缺漏或重复,我把全册内容所需要考查的知识点都罗列了出来,如2-5表所示。

表2-5 考查内容

考查内容	具体考查的知识点					
小数乘法	小数乘整数	小数乘小数	积的近似数	整数乘法运算定律推广到小数	估算解决问题	分段计算解决问题
位置	用数对表示具体情境中的物体的位置	在方格纸上用数对确定物体的位置				
小数除法	除数是整数的小数除法	一个数除以小数	商的近似数	循环小数	探索规律	用"进一法"解决问题 用"去尾法"解决问题
可能性	体验事件发生的确定性和不确定性	列出简单试验所有可能发生的结果	感受可能性的大小	能根据可能性的大小进行推测		
简易方程	用字母表示数	方程的意义	等式的性质	解方程	实际问题与方程	
多边形的面积	平行四边形的面积	三角形的面积	梯形的面积	组合图形的面积	不规则图形的面积	

接下来,我把每一个具体的知识点编排到各种题型中去,尽量让每个知识点都能考查到。从而制订出了第一份"双向细目表",如表2-6所示。

表2-6 2015学年第一学期小学五年级数学综合练习(五)样卷命题双向细目表

内容	题型					
	填空	判断	选择	计算	解决问题	合计
小数乘法	2	2	2	14	8	28
位置	2		2			4
小数除法	6	2		6	5	19
可能性	2	2				4
简易方程	4	2	2	6	8	22
多边形的面积	2	2	4	9	6	23
总计	18	10	10	35	27	100

按照这样的方法制订以后，我再采用"5W2H"的方法对以上措施进行了分析，如表2-7所示。

表2-7 "5W2H"分析

5W2H	层次1	层次2	层次3	层次4	结论
Who	研究人员是我	因为我的区级课题得到了立项	没有比我更合适的人选	因为我是课题负责人及数学科科长	由我来进行研究
When	在12月初	因为这个时间接近期末,且区的双向细目表发下来了,研究有了价值	如果对教材比较熟悉,也可以早点开始研究	因为我第一次教五年级,所以在全部内容都备好课以后进行研究会比较合适	时间定于12月初开始
Where	在办公室	因为办公室有电脑,能搜集资料,也方便随时查看手头上的纸质材料	没有更合适的地点	因为办公室有电脑,能搜集电子材料,也方便随时查看手头上的纸质材料	办公室

续上表

5W2H	层次1	层次2	层次3	层次4	结论
Why	命制双向细目表是规范命题必需的	合理、规范的双向细目表对命题能起到很好的规范作用，对指导复习有很强的针对性	在规范的命题中，一般都是先制订好双向细目表的	合理、规范的双向细目表对命题能起到很好的规范作用，对指导复习有很强的针对性	制订双向细目表很重要
What	制订期末综合练习命题的双向细目表	为期末综合练习命题的规范性提供依据	没有比制订双向细目表对命题所起的作用更大了	为期末综合练习命题的规范性提供依据	制订期末综合练习的命题的双向细目表
How	分三个要素、两个维度来制定	把全册书的知识点与题型配对起来，形成制定双向细目表的第二步	在分值权重的比例上，发现个别单元的分值权重太高，个别单元的分值权重太低，需要调整	按照每个单元在教学时所需要的课时来分配分值的权重，更能突出教学内容的重点难点，体现双向细目表对期末综合练习的指导意义	调整分值权重
How much	没有花费	没有花费	没有花费	没有花费	零花费
程度		低 ——→ 高			

由此分析可以发现，我前期所做的研究，包括在资料的收集研究、解决问题的方法思路和整理全册书教学知识点等研究方法上，基本还是正确的。把每一个知识点对应分配到每种题型，最后统计起来就会发现，"小数乘法"单元所占的分值比重是最大的。但是这个单元的内容在教学时只是重点，并非难点。既是重点又是难点的单元是"简易方程"，也就是说在分值权重的分配上就不合理。只有在这一方面进行合理的调整，所制订的"双向细目表"才具有科学性和指导性。

（二）第二次实施

为了更合理地分配每一个单元所占的分值比例，我再次翻阅了《教师教学用书》。在《教师教学用书》中，每个单元内容的教学课时是这样安排的："小数乘法"9课时，"位置"2课时，"小数除法"11课时，"可能性"3课时，"简易方程"18课时，"多边形的面积"9课时。也就是说，考核的全部内容的课时总量是52课时，如果按照每个单元内容所占的比例来设置分值权重，会更能突出教学的重点难点，更为合理。在调整的过程中，我还考虑到个别考核的内容是可以结合起来的，于是把"双向细目表"调整，如表2-8所示。

表2-8　2015学年第一学期小学五年级数学综合练习（五）样卷命题双向细目

内容	题型					
	填空	判断	选择	计算	解决问题	合计
小数乘法	2	2	2	9	5	20
位置	2		2			4
小数除法	6	2		10	3	20
可能性	2	2				4
简易方程	4	2	4	11	14	35
多边形的面积	2	2	2	5	6	17
总计	18	10	10	36	27	100

我根据调整后的"双向细目表"，成功命制了期末综合练习的样卷。与区教研室后来下发的"双向细目表"对比，调整后比较接近区教研室命制的分值权重。这一次制订"双向细目表"的研究还是比较成功的。

四、反思与收获

综合练习的编写，目的是为了评价学生在某一阶段对所学知识的掌握情况以及能力发展状况。制订并使用"双向细目表"，可以提高综合练习的准确性、指导性及指向性，因此，在编写综合练习前先制订"双向细目表"无疑能使综合练习的编写更规范。在制订"双向细目表"时需要注意以下两点：

1. 全面考虑

制订"双向细目表"的过程，需要教师对某一阶段的学习内容和教学目标有一个全盘的思考和衡量，并根据自己学生的掌握情况和综合练习的目标确定难易程度，使命题的过程变得有据可循。因此，制订"双向细目表"前要全面考虑，设计好综合练习所需要的题型，列出某一阶段教学内容所涉及的全部知识点，并根据教学所用的课时占总课时的比例来设计分值权重，才能有效避免过易或过难、以偏概全、题量过大或过小、重点内容被忽视、难点内容被弱化等问题。

2. 细节调整

在一份综合练习卷中，每种题型的数量和分值基本是固定的。在制订"双向细目表"时，既要有全面的考虑，分配好每个教学内容对应的分值，又要注意细节上的问题，及时进行调整。如某个内容的分值比较集中在某种题型，就要微调一下，尽量使该内容的分值能平均分布。特别是在"解决问题"的分配上，可以多加考虑。因为"解决问题"的类型很多，在制订"双向细目表"时，要先确定好哪个知识点的类型是必定在"解决问题"题型中考查的，哪个知识点的类型可以放到其他的题型里面。细节调整，能有效避免各个知识点在各种题型中分布不均衡的问题。

总之，"双向细目表"能克服命题时的主观随意性，也可以作为评价教学质量的一个标准。以后我会在"双向细目表"的制订上继续研究，试试能否再把评价的几个目标与题型结合起来，制订出更为清晰与丰富的"双向细目表"。

点评：

微诊断的目的一是解决问题，提高教学效率；二是通过解决问题提升教师的专业化水平。本例就是一个鲜活的案例。众所周知，命题是一项难度大、要求高的教师基础性关键技能，而双向细目表的制订与调整无疑又是整项命题工作的核心。陈老师首先学习了经典教学理论中双向细目表的组成要素，但在之后的调研中她发现与传统的双向细目表不同，实际使用的双向细目表已将学习要求和题型融合。发现这一问题后，她设计并实施了"制订知识点双向分布表→制订双向细目表（初稿）→'5W2H'诊断→制订双向细目表（定稿）"等一系列调整措施，还总结了根据课时比例设置考核分值权重的个人经验。可见，诊断的功效不仅在于找问题、解决问题，还在于发展教师的主观能动性。

三、创新学校校本教研方式

1. 问题：教师校本教研的系统性缺失

当下对于教师教研的研究一片繁荣，"校本教研""联片研修"和"工作坊"等多种正式与非正式的教研方式层出不穷，众多形式的教研互为补充，力求丰富教师专业发展的渠道。从一定意义上讲，正是这些方式的不断探索创新才使教师教研不至于沦为教育改革中的"时尚新装"，而是成为促进教师专业发展的"不竭动力"。然而，在拓宽教研渠道的同时，我们更要寻求教师教研的深化之路，这要求我们对惯常的思路进行反思。

从本质上来说，教师教研是指"对教育领域的各种问题、规律、技术、策略及教学全过程的调查、观察、实验、系统思辨、比较分析，以及其他与教育直接相关的所有内容"[①]。这意味着，既要有面向全体的宏观诊断，也要有从小处着眼的微型诊断；既要涉及教学全过程，也要注重诊断的纵向延伸。现实教研活动常常将教研互动定位得过于宏观，并将其作为一蹴而就之事，忽视了教师教研的系统性和可持续性。

2. 超越：创新校本教研方式的兴起

创新教研是超越当前教师教研系统性的缺失，聚焦实际教学问题进行小课题研究的创新。"创新教研"并非科学术语，而是对当前教研工作的要求和期待。它不仅以正式的教研活动形式存在，还可在教师日常的教学活动中进行。然而，总体说来，创新教研在我国并未能得到全面推广。也有一些地方已经开始鼓励教师根据教学实践进行教研的创新。如一位语文老师在作文讲评课上发现，占全班总数三分之一的"中等作文"常处于

---

① 聂劲松，邹飞雁. 中国百年教研制度审视. 湖南师范大学出版社2009年版.

"被遗忘的角落"，从而确立了为"中等作文"寻找讲评策略的小课题研究。该教师通过查阅文献、访谈学生、行为研究和经验筛选的方法，并与语文组其他老师合作分析了"中等作文"的共性与不足，分享了讲评"中等作文"的有效方法，并制订了优秀作文的评价标准，来帮助"中等学生"提升写作水平。①

窥一斑而知全豹，从上述例子不难概括出创新教研相较于普通教研方式的典型特征：内容更务实、气氛更活跃、参与更广泛、学研更深入。从内容来看，创新教研强调"教中研，研中教"，源于实践的问题应在实践中解决；从气氛来看，创新教研通过营造研究氛围，在学科教师间形成普遍的、积极主动地参与教研的意识；从参与来看，创新教研树立"管理即服务"的意识，为教师们构筑交流与展示的平台，消解了教研活动中教研员和专家的垄断地位；从学研来看，创新教研以学科小课题研究充盈教研内容，发挥课题研究"周期聚集"和小课题群分层推进的合力，并借助评价工具的反复沉淀，形成了"教、研、培"三位一体的研修体系。

探索教研方式的创新，首要任务是开展课堂微诊断，对其现存的困境进行反思，以此为基础寻求超越之道。

3. 实践：基于课堂微诊断的创新教研

（1）破除教师对教研活动的倦怠情绪，提升其教育研究能力。许多教师对校本教研活动存有倦怠情绪，大致原因如下：第一，教研活动选题与方案设计需要花费大量的时间与精力，而一线教师日常教学任务繁重，无暇无力参与其中；第二，教研活动充斥着自上而下外推式的行政色彩，"应试教育"的价值取向无法适应现代教育发展的要求；第三，"弥补缺陷"式的教研方式忽视了教师自主发展的需求，仅能起到"输血"作用，却未发挥"造血"功能；第四，对于具体学科来讲，教研活动往往存在"单一讲授为主，缺乏形式推新""经验介绍为主，缺乏系统设计""主题组织泛化，缺乏行为跟进"等问题，难以适应教师分层、持续的专业发展

---

① 韦芳. 在微型课题研究中实现语文教师的专业发展. 教育理论与实践，2011（1）：36-37.

要求。

究其根本,教师的倦怠情绪来自于当前教研活动"宏大""外推""割裂"的取向。相比之下,课堂微诊断视角微观,它始于教学问题的发现,终于教学问题的解决。教师只需面对自己日常课堂教学实践中的问题,创新教研的设计和实施过程,既不显庞杂,亦可应用于教学问题的解决,凸显其有效性。可以说,创新教研能够消解学科教师无暇参与教研活动的困局,打开教师因理论水平不足而产生抗拒教研活动的"心结",能让教师在短时间体会到教研带来的成就感,进而不断增强其教研的主动性。教师在教研的过程中,不断提升教学科研能力,积淀理论素养,进而为进行"大规模"教育科研奠定基础。

(2)密切教育理论与教学实践的联系,凸显意义。虽然许多教师都知道将教育理论运用于教育实践的重要性,但却无法有效地利用理论。教师教研过程中存在教育理论与实践的鸿沟,归根结底源于考试与升学的压力,学生的成绩直接影响了教师各方面的考评,因而,教师普遍认为学生成绩的提升远比形式多变的教研活动重要。教师没有在短时间内充分享受到教育理论带来的直接益处,自然会"架空"理论。换言之,正是教育理论与教育实践的疏离甚至脱节,大大挫伤了教师进行教研活动的积极性。

如果将教研革新的视线投向课堂微诊断,情况则会大为改善。创新教研既可以是教师学习教育理论匠心独具的"补缺",也可以消除教师对教育理论学习的倦怠,提升学习兴趣,还可以将教育理论中的知识点延伸到教学实践中。因此,创新教研弥合了教育理论与教学实践活动的鸿沟,在二者之间架起桥梁乃至促成二者融为一体。在探究教学实践存在问题的破解之道时,教师也在不断理清问题背后的教学规律,持续为教育实践注入理性元素,使常识性实践接受理性的批判,深化对理论的认识,从而将问题诊断变得更清晰。

(3)完善教学活动体系,增强学科教师的反思意识。美国教育专家波斯纳将教师专业成长的路径归纳为"成长=经验+反思",足见个人反思对于教师专业发展的重要性。教师教学反思是教师教学活动的重要环节,也是最容易被忽略的环节。对于教师教学反思的现状,已有学者进行了相关研究,结果表明,有70%的教师并未将反思自觉纳入日常教学活动中,只有在教学实践中遇到问题时才会反思。① 教师反思活动的缺乏势必会阻滞其专业发展。

课堂微诊断鼓励教师在不断反思自己的教学过程的同时,也要观察他人的教学行为,吸取经验和教训。此时,教师兼具研究对象和研究者的双重身份。在亲历和观察的过程中,教师不断将直觉层面的教学经验进行抽象概括,内化为无意识的教育理念。通过不断的反思,教师发现教学问题,理清、调整自己的理念,最终形成可以灵活面对复杂教学问题的教学思想。而随着教学思想境界的提升,教师的专业能力也随之增强。

(4)**课堂微诊断持续关注:学科教师小课题研究**。新事物往往孕育于过往的事物中,创新教研也不例外。作为对以往教研活动的超越,创新教研的新颖之处在于其重要的表现形式为小课题研究。如何认识这种教研方式?我们可以将其含义界定为"小课题研究源于一线中小学教师对自身教育教学工作的反思以及对教育实践困惑的追问,是教师在短时期内以解决教育教学实际问题为中心,而积极主动进行实践改进的一种课题研究方式"。它形成一股热潮,迅速拉近了教师与科研的距离,在科研方法的普及、教改突破口的探寻、教学质量的提高等方面发挥了重要作用。具体而言,小课题研究涵盖了形成研究方案、回归教学实践、持续课堂微诊断三个循环往复的环节。

研究方案的形成,即明确"研究问题—设计研究蓝图—进行学术论证"的过程。课堂微诊断的视角小,但范围广,学生在学习中的种种状况与问题,都可以成为教师设计和进行研究的主题。例如,针对学生学习各学科的具体情况,学科教师都可以且应当进行小课题研究,针对具体问题对学生施以影响。问题聚焦之后,需要对问题产生的原因进行预先假设。该步骤要求教师通过查阅文献资料,与有经验的同行交流完成。改进问题的途径或许有多种,但要择关键而从之,并形成自变量与因变量关系。研

---

① 邵光华,顾泠沅. 中学教师教学反思现状的调查分析与研究. 教师教育研究,2010(3):66-70.

究框架的形成,是在研究问题确定之后,教师进行文献阅读和相关访谈,了解问题的研究进展,从而奠定深厚的理论基础。在此基础上,规划涵盖"研究步骤—研究进度—研究方法"的系统框架。

回归教学实践即研究蓝图的实施过程。学科教师进行课堂微诊断,在教学中研究,在研究中反思,大大改观了"教""研"分离状态。教学过程一改单一的知识传授行为,教师以教学者和研究者的双重身份进入教学场域。在研究假设形成的改进策略的干预下,教师观察学生的实然反应与应然假设的异同。在"实战"状态下,或强化干预,或改进策略,以达到不断提升教育质量的目的。

持续的课堂微诊断活动不是为了诊断而诊断,而是为了教学的提高而诊断。通过教学的微型诊断,让教师们都能积极地投入到对教学的研讨和思考中去,为教师研究教学创造一个氛围和环境,让教师在诊断、交流、分享中,激发教学研究的兴趣,从而提高学校教育质量。正如很多教师所言,课堂微诊断"有利于整个教研组工作的提升""同行之间可以取长补短""可以总结教学中的闪光点""可以学到新的思考问题的方法"。

案例4　课例研究促进青年教师专业发展[①]

一、问题分析

青年教师作为学校教师队伍的战略后备队,是学校教师队伍的生力军,是学校完成各项工作的重要依靠力量。其发展的状况不仅关系到学校教师队伍的未来,更关系到学校教育的未来。为了促进教师的专业发展,每个学年,市、区各教研机构都会不定期举行学科青年课堂教学评比等比赛。如何使参赛的课例研究不仅仅是"为赛而教",而要"为学而教",探索出"课例研究"的教师发展校本研训策略,构建学习共同体学校,从

---

① 本案例由广州市海珠区万松园小学谢少冰提供。原文题目是《课例研究促进青年教师专业发展的跟踪和改进——基于"5W2H"法浅析教师发展校本研训策略》,选用时略有编辑。

而促进青年教师的专业发展？这是我们思考并要研究的问题。

二、拟定解决思路

课例研讨是以课例为载体，以解决教学中的实际问题为方向，通过教学实践和教学观点分享促成青年教师专业成长的一种研究方法。对于青年教师而言，课例研究的意义不仅仅在于上一节课，也不仅仅是为了参加比赛而改进某一节课的活动过程，而是一个通过"准备→计划→授课→反思"不断实现内生式发展的循环过程。

我校结合近几年市、区的青年教师课堂教学评比活动，通过行动研究，以"准备→计划→授课→反思"这一循环过程，逐步探索出基于"课例研究"的教师发展校本研训策略，促进了青年教师的专业发展。

三、诊断与改进过程

（一）第一次实施

三年前的一次区域性青年教师课堂教学评比中，当提前一周得知参赛课的课题后，学校主管行政和学科备课组老师纷纷上网搜集了很多关于该课的教学设计、课件、录像等资料。行政和备课组老师、参赛教师共同备课，商议参赛课的教学设计。大家纷纷把自己的看法告诉参赛教师，务求在这节比赛课的设计上要有亮点，要出彩，要能展现参赛教师的风采……参赛的教学设计在一周的备课、试教、磨课后确定了下来。比赛当天，参赛教师好像挺顺利地完成了该课的教学，每个教学环节点到为止，可大家都觉得缺少了什么——那是一种师生间、学生间所生成的温度、深度和厚度！整节课像是在"走教案"，而且只用35分钟就上完了教学内容，提早下了课。这次的经历引起了我们的反思。

（二）第二次实施

一年后，海珠区再度举行青年教师课堂教学评比活动。这次，我校在反思上一次做法的基础上，本着"解剖好一只麻雀，以小见大，举一反三"的研究态度，再次开展课例研讨活动，着眼于以下四个"促进"，提出了基于"课例研究"的教师发展校本研训策略。

1. 促进青年教师进行文本细读，深入研究教材

《小学教师专业标准（试行）》基本内容第27条指出，了解所教学科

的知识体系、基本思想和方法；第32条指出，掌握所教学科的课程标准和教学知识。对于青年教师而言，自己所教学科的知识并不难，但是把握所教学科的知识体系、基本思想与方法却不容易。

台上一分钟，台下十年功。对于文本细读，我们重点着眼于：课标细读、教学内容细读、赛标细读。在参赛之前，我校要求参赛老师挤出时间认真研读各年段的教材、课程标准，把握教学内容目标、重点和难点及其前后的衔接。认真阅读有关的教学研究杂志，多渠道搜集一些与任教学科相关的优秀教学设计、教学案例、课件、视频，在研读中思辨，汲取好的经验做法，不断地充实自己，积淀教学底气。

当参赛内容公布后，我们要求青年教师及备课组老师首先进行文本细读，而不是先想着要去模仿哪位名师，参考哪个教学设计，追求哪种课堂上的形式。长期的实践经验告诉我们：执教教师，尤其是成长中的青年教师对课文（执教内容）的解读十分重要，有时候，"教什么"比"怎样教"更重要！新课标理念的落实、方法的借鉴、创意的实施、目标的达成……这一切都必须基于教师对课文的合理解读和对重点难点的准确把握才能得以落实。只有对课文进行了合理的解读及重点难点的准确把握，课堂教学才有可能超越形式，摆脱模仿，进一步走向教学的本质。

在比赛中，我校语文科杨老师抽到的参赛课是五年级下册的"临死前的严监生"。当天晚上，杨老师自己首先进行文本细读。第二天，由学校语文科骨干组成的备课小组与杨老师再次进行文本细读。大家你一言，我一语，对这篇课文进行了多方面的解读，包括课文内容、写法、单元要求、年段目标、迁移练笔等，并将各自搜集到的关于这一课的名家设计、实施进行了分析。在充分的解读后，才确定这一课的教学目标、重点难点及教学设计。"磨刀不误砍柴工"，由于文本细读到位，杨老师的教学设计出来以后，在第三天的试教过程中效果良好，需要大修改的环节并不多。

当上完赛课后，有位资深的语文行家说："一个好的教学设计无论对着怎样的学生，都能上得出彩。好的教学设计源于教师和备课组对文本的认真细读！"确实，精准的教学目标、教学重点难点的把握是有效教学的重要保证。

2. 促进青年教师全面了解学情，做到为学而教

教学过程是师生互动、动态生成和共同发展的过程。当前，以学为中心是学校整体变革的基点。伴随着对课堂学习的重新认识，教师的责任是实现每一个儿童的学习权，提供给学生挑战高水准的学习的机会。因此，课堂互动中，教师既要努力促进学生实现"预设生成"，又要善于捕捉教学时机，锁定教学中新的有价值的生成，从而让学生的学习更富有生命力。

在指导青年教师备课时，我们的定位是："教师怎样教，才能更有利于学生学"，教师的"教"为学生的"学"服务。教学设计要符合学生已有的认知水平，选用学生能够接受的学习方式，力争做到"以学定教"。全面了解学情，才有课前的精心预设，才有课堂上精彩的生成。这恰恰触及了教师专业素养的核心，教师之为教师就在于其了解儿童，并在多样化的专业实践中嵌入了对儿童的理解。

在本次课堂教学评比中，我校品德学科魏老师参赛的课是三年级的"怎样使地图更简明"。为了能从学生实际生活出发，课前，我们绘制了学校周边社区的简易地图，到学校周边收集实景图，尝试用不同的方式开展小组合作活动。这种基于学生生活经验的设计及实施，拉近了与学生的距离，学生在课堂上以小主人翁的精神积极参与，兴趣浓厚，课例也获得了好评。

我校钟老师参赛的是五年级数学的"图形的旋转"课。有经验的数学教师都知道：研究旋转现象，旋转中心、旋转方向和旋转角度是三个非常重要的要素。在教学中，是直接由教师告诉学生，还是让学生在情境中自己感悟出来？大家经过充分的学情分析，最后决定还是从学生已有生活经验和兴趣出发，创设"停车场出口闸杠的设计"这一生活情境，引导学生联系生活实际，在思辨中悟出"旋转中心、旋转方向、旋转角度"的重要性，结果教学效果相当好。

赛课后，钟老师由衷地说："经过这次的'磨课'、赛课，我深刻地体会到精彩的生成源于精心的预设，课前一定要对学情有充分的了解，问题的设计一定要明确。一节课上得好不好，关键在于教师，不在于学生的水平如何……在这样的'磨砺'中,我得到了进步,得到了成长。"

3. 促进青年教师理论联系实践,上好自己的"课"

没有相应的学科教育教学理论作基础的课例研究,是肤浅的、空泛的。在教育理论指导下进行的课例研究,有助于教师对教学中的困惑、感悟进行理性思考和分析归纳。研究如何上好自己的"课",是中小学教师专业成长的核心内容,研究一堂"课"之所以好,或之所以不好,是教育论研究尤其是学科教学论研究的题中之义、重中之重。

叶圣陶说过,凡是好的态度、好的方法,都要使它们化为习惯。只有熟练到成为习惯,好的态度才能随时地表现,好的方法才能随时随地地运用。参赛青年教师在行动中开展课例研究,多番的磨课促使他们多维度地进行自我反思,培养自主反思的习惯,从而关注到自我经验、原有行为与课程标准的差距,关注到自身理想与现实的差距,关注到学生实际获得与真实发展……这种亲自参与、亲身得来的体验尤为深刻,有助于青年教师直面"基于新课程标准的教学",不断改进教学,为自身的专业发展奠定基础。

在课堂教学评比中,我校郭老师参加了综合实践学科的比赛。作为一个新增设的参赛学科,可以借鉴的经验极少。为此,我校把本次参赛作为一次科组教师学习的契机,以此加强大家对综合实践学科的研究。在郭老师参赛之前,我们多番搜集资料,学习重温了《综合实践教学常规》《综合实践活动课程学生学业评价标准》《综合实践活动课程课堂教学评价表》《校外综合实践活动安全预案》等指引性资料,学习了《综合实践活动与校本课程》等书籍,对综合实践这一学科的教学开展有了更深的认识。同时,科组还开展了综合实践活动不同课型的课例研究,先后开展了"小学生课外补习情况调查——选题课""撰写设计说明——方法指导课"等课例研究,力求理论联系实际,让大家知道综合实践学科不同课型的特点及侧重。当区公布参赛的课题为"海珠区的公园——选题课"时,包括郭老师在内的备课组老师都能围绕"选题课"的特征去开展解读和设计,参赛实施的效果也比较好。

活动结束后,郭老师也深有体会地说:"通过本次比赛和课例研究,促进了学科素养的提升,现在我对综合实践活动课各种课型的教学有了更清晰的认识。"

4. 搭建教师专业学习平台,促进教师间深度教育对话

"课例研究强调从教师教学实践中的问题出发,通过教师群体的研究活动解决教学难题,改进教学实践。"参与赛课,在课例研究中既是问题解决的载体,也是学校科组研训的体现。

课例研究为科组教师搭建了一个共同研究、深度对话的平台。科组教师和参赛教师以参赛课例为依托,同时聚焦课堂,从教师的教、学生的学、设计与实施的落差等多方面进行观察、记录、反思,然后在团体对话中产生交流碰撞:既有对青年教师的教学建议,也有教师将自己课堂上的得与失跟大家的分享,还有对文本的再次解读及骨干教师的亲自示范……大家在"磨课"中构建了教师专业学习平台。这一过程,是教师集体反思的过程,是教师集体成长的过程,也是青年教师"化蝶"的过程。虽然过程是痛苦的,但痛苦的历程会促进青年教师专业的发展和能力的提升,使之能轻盈地飞翔在教学的天空。

在备赛参赛期间,我校总会看到这样一个个温馨而又熟悉的画面:参赛教师在一次次课例研讨中接受挑战,在一次次试教中锻炼自己;科组的教师、同年级的教师积极参与课例研讨,或积极参与听课评课,或热心为参赛教师出谋献策,或帮忙修改课件、制作教具……一份份无私的帮助,一句句真诚的交谈,构建了一个个有温度、有深度、有厚度的学习共同体,令人感动!

当然,这些学习共同体的交流,并不仅仅在备赛参赛期间。为了促进科组教师的提升,我校结合每学期教师的校本作业要求,让各科组教师在听完本届"明珠杯"参赛课例的基础上,开展学科网上评课活动,分享自己的看法和感悟。

除此以外,我校还鼓励支持参赛青年教师在参赛后把课例送教到兄弟学校。如我校杨老师和语文科组将参赛获奖课例"临死前的严监生"送教到海珠东部的小学;品德科的魏老师和综合实践学科的郭老师与科组教师分别将课例"怎样使地图更简明""花都公园游乐设施的调查——选题

课"送教到花都区的兄弟学校。送教和交流,对参赛青年教师而言是一次再反思再提升,对科组教师及兄弟学校而言是一次实践智慧的碰撞,既开阔了眼界,又有助于彼此共同提升,实现团队共享共赢。

赛课的作用,正如我校品德科的魏老师所说,"赛课是一名教师迅速成长的有效途径,尤其是青年教师成长的助力器。基于赛课的课例研究,体现出老师对教学中产生的各种问题或矛盾所展开的研究,体现出个人实践反思、同伴合作互助、专业引领创新的过程"。

四、反思与收获

课例研究是一项长期的、持续不断提高和改进的教学实践,与教师专业成长,尤其是青年教师的专业成长息息相关。挖掘并弘扬课例研究中的经验,不仅仅是挖掘一些成功的案例,更主要的是挖掘教学问题,以"课例研讨"促进青年教师专业发展,营造青年教师学习共同体的校本研训策略。

点评:

与其他众多教研方式相比,校本教研更强调"课堂是教学的主阵地"这一特征,因此,课例研究成为校本教研的内容主体就毫不奇怪了。万松园小学以课例研究作为驱动青年教师成长的手段,目标不局限在一两节好课,而是强调让青年教师在"准备→计划→授课→反思"这一过程中发展自我。在两次实践过程中,学校逐步发现仅让青年教师在课堂上呈现前辈的意见不能让其真正、有效、充分地得到发展,而应遵循"内容更务实、气氛更活跃、参与更广泛、学研更深入"这一创新教研的基本特征才有可能达到预期目的。为此,他们总结出"基于学情、基于文本、基于教师"的解决教学实际问题的课例研究策略,并通过课后反思、推广应用等方式使课例研究的效果上升了一个层次。

第三章 课堂微诊断的基本面

学生课堂学习内容丰富多彩，其背后都有相应的知识观基础，知识观的核心是知识的分类，学界对知识分类标准的划分是多样的，结合课堂微诊断特征，我们借鉴华东师范大学吴刚平教授的观点，把课堂教学中学生学习的知识分为事实性知识、方法性知识和价值性知识三大类别，它们对应的学习方式为"记中学""做中学"与"悟中学"，融合构成了课堂微诊断的三大基本面。

一、诊断围绕事实性知识的"记中学"

事实性知识是由事实所构成的知识系统。在教学中，常用的针对事实性知识的学习方式有背诵、抄写、选择、填空、判断、默写、问答、反复操练等①，这众多学习方式的核心是记忆。因而，围绕"记忆"的活动设计、效果判断等就成为课堂微诊断的关注重点。具体来说，课堂微诊断应该抓住以下两个方面：

一是"是否应该记"。目前，学习方式的一个弊端是几乎所有的知识都强调在记忆中学习，显然这是有偏差的，方法性知识应遵循"做中学"，价值性知识应基于"悟中学"，方向一旦产生偏差，后面所有的细节就失去了再诊断的价值，所以，诊断的第一步就是判别学习内容是否适合"记中学"。

二是"是否有效记住"。诊断记忆效果的要素有五个，分别是"是否记住""是否记牢""记忆是否有偏差""记忆成本是否高"和"记忆活动

---

① 吴刚平. 知识分类视野下的记中学、做中学与悟中学. 全球教育展望. 2013 (6)：12.

特色是否强"。"是否记住"主要诊断任务完成与否;"是否记牢"主要诊断所记内容能否持久;"记忆是否有偏差"主要诊断记忆质量;"记忆成本是否高"主要诊断为完成这一记忆任务,课堂上教师所花费的时间是否恰当;"记忆活动特色是否强"主要诊断教师的记忆活动设计是否准确把握学生的心理特点,方法独特,才能提升记忆效率。这五点中除"是否记牢"外,其他四点都可当堂评判效果;而"是否记牢"可采用间接诊断。如观察老师是否有对与本课相关的旧知识进行适当的复习以帮助学生记牢,如果有,则说明老师具有定期复习的意识,可对学生"是否记牢"持谨慎乐观态度。

"记中学"只是学习方式中的一种,正如钟启泉教授所说,让学生"打开百宝箱"提取"现成知识"并不是真正习得了知识。这是因为,即便给出了个别的、具体的知识,但它并不能自动地纳入学生现存的知识体系之中。① 可见,"记中学"既不能解决所有的学习问题,也不应该成为学习的唯一方法。

案例5　图像记忆策略运用于英语短文类课文背诵②

一、问题分析

学习语言的目的是运用语言,而背诵能帮助学生熟练掌握和有效运用语言。这是因为背诵的过程是语言输入的过程,积累丰富的语言材料是语言输出的基础。因此,背诵的基础——记忆有助于提升学生语言的表达能力,并培养语感、提高学生学习英语的自信心。

根据平日的教学观察,每当碰上背书,学生就会分化为积极型、被动型和逃避型。而这些问题的产生与学生的学习态度、学习方法,以及评价手段单一有关。具体如下。

---

① 钟启泉. 课程的逻辑. 华东师范大学出版社2007年版.
② 本案例由广州市海珠区第二实验小学罗冬提供。原文题目是《图像记忆策略在小学高年级英语短文类课文背诵中的运用》,选用时略有编辑。

1. "消极学习↔成绩低下"的恶性循环

部分学生，他们总有面对无法跟上学习节奏而产生的自卑感，练习时一筹莫展而产生的沮丧感，在考试后产生一次又一次的挫折感。他们在英语学习中很难体验到成功的喜悦。正因如此，他们学习英语的态度变得愈加消极，形成"消极学习↔成绩低下"的恶性循环。

2. 受课时限制，教师在课堂上给予学生背书的指导是有限的

理解句子结构、语篇是学生能够流利背诵课文的前提。因此，每学习一篇课文，教师都会利用各种练习来帮助学生加深对课文的理解，然而，在每节课必须要完成相应教学任务及课时限制的双重约束下，教师能在课堂上为学生提供辅助背书的练习和指导时间始终是有限的。此外，同样的练习量，对于能动性较差的学生而言，这一系列的练习对他们来说帮助甚微。原因有两个：其一，这些练习只是形式不同的文字练习，毫无乐趣；其二，受自身英语水平的限制，如单词量较少、单词记忆不牢固等，他们很难理解课文，更难以完成各种练习。因而，同样的练习对他们没有多大的帮助。

3. 评价手段单一，激励作用不大

在平日的教学中，教师一般是以学生是否能记忆课文内容作为背诵的检查手段，根据学生再现课文的流利程度来判断学生对课文掌握的熟练程度。由于学生本身不明白背诵的意义和作用，他们认为背书只是机械识记的任务，因此，这样的检查方式对于那些难以完成背诵任务、缺乏学习动力的学生来说，只会增加他们的心理负担，诱发他们的逃避心理。

由此可见，如何帮助基础薄弱、学习能动性较弱的学生提高课文背诵的积极性、有效性，以及如何让他们体验背书的趣味，是一线教师需要迫切解决的教学问题。

二、拟定解决思路

要解决这个问题就要做到两点。第一，激趣。让学生在背书的过程中能体验乐趣。因此，本人提出将"图像记忆策略"运用于小学英语课文背诵中的构想。这一构想的具体操作就是将需要背诵的文字转换为简单、易懂的符号或图像。在这过程中，学生们能体验到画图的快乐。此外，将图

像这一直观的手段运用于课文背诵中更能让学生感知语言情境，加深他们对句子、语篇的理解，从而帮助他们背诵课文。第二，简化。对于上文提到的后两类学生而言，背诵之所以存在难度，与句子较长、句子结构较难等有关。因此，简化课文，用图像或用简短的文字、词组代替句子、语段，更容易让学生理解并记忆课文。

图像的运用不仅可以让教师将文字以形象、直观的方式呈现在学生面前，还能让学生通过图像间的关系去体会故事的情境。与传统的"死记硬背"相比，这种以图像作为文字载体的记忆方法更能促进学生的认知思考，使他们对课文的词、句、篇有更深的理解。根据Craik和Lockhart在1972年提出的记忆"加工水平"模式，信息的保持依赖于信息加工的水平。学生思考得越细致，他们对需要记忆的内容就记得越牢固、越持久。借助这一方法，学生能体会到以往通过"死记硬背"来背诵课文所体会不到的成就感，从而增加他们学习英语的自信心。

三、诊断与改进过程

小学高年级英语课文包含两种类型，一种是对话类课文，另一种是短文类课文。图像记忆策略更适用于短文类课文。

（一）第一次实施

为了能让学生理解每个符号所对应的意思，并最终能依靠这些符号完成课文背诵，教师进行了课堂示范——在课堂上边说文字边画出相对应的符号。

"将图像记忆策略运用于小学高年级课文背诵"方案实施一个学期后，我以"5W2H"分析法作为主要评价手段，并结合调查法、实验法对第一阶段的实施效果进行分析，结论如下。

1．"Who & Why"

小学中年级的课文是以对话为主，而高年级课文则包含了对话和短文。学习短文类篇章对学生而言，学习难度无疑是上了一个台阶。根据平日的教学观察，学生在背诵课文，尤其是短文类课文时，积极性往往不高。对基础薄弱的学生来讲，背诵此类文章更是无从下手。篇幅长、词汇多、结构难是学生对短文类课文产生畏惧心理的原因。而将"图像记忆策略"运用于课文背诵的目的就是要化繁为简、化沉闷为有趣。那么，在众多的记忆策略中，为何要选择图像记忆？这与小学生的思维特点有莫大关系。小学生的思维方式具有很大的具体性、形象性。采用直观的手段，如图像，能加深他们对句子、语篇的理解。而"文字↔图像"的转换能促进学生的认知思考，他们思考得越细致，对需要记忆的内容就记得越牢固、越持久。

通过师生交流发现，不少学生反映此方法很有趣，对背书有帮助，也有部分学生反映画图虽有趣，但有时候他们想不出用什么符号、图示来代替文字，反而会占用他们更多的时间。

此外，随机抽选若干名学生，将他们分为两组（对照组、实验组），对比计算两组学生背诵相同篇章所需时间。对照组的学生使用自己往常的背书方式背诵课文；实验组的学生则使用"图像记忆策略"，先将文字转换为符号，再借助转换的符号背诵课文（实验组用于"文字↔符号"转换的时间不算在背诵所用时间内）。通过数据可以发现，实验组的学生用于课文背诵的时间更少一些。在随后的背书抽查中也发现，与对照组相比，实验组借助自己的画图基本能完成课文背诵，背诵时也更流畅一些。

2．"How"

在第一次实施阶段中发现，这种单纯用符号、图示来代替文字的方法在操作上具有一定的局限性。在实施过程中遭遇到难以用符号、图示代替的情况，如某些文字、不同的时态、不同的句式（如一般疑问句、特殊疑问句）等。

结论：①由于每个人原有的知识经验不同，当他们面对相同的课文材料时会选用不同的符号。也就是说，在没有解释的前提下，其他学生未必能看懂别人的作品。学习资源难以交流、分享。再者，如果时间长了，学生可能会忘记之前的符号代表什么，不利于资源再使用。②各种时态增加了画图的难度，操作难，也会让学生在背书时感到混乱。

3．"When & What"

结合高年级的教材特点，"图像记忆策略"适合从五年级开始在短文类课文的背诵中使用。而教师的课堂示范依然是实施过程的重要部分。此外，教师应及时对学生的作品给出反馈意见。好的作品可以在班上分享。对于个别不善于画图的学生，可以资源共享，借助教师或其他学生的作品帮助他们背诵课文。值得注意的是，此方法的目的不是考查学生的画图技能，而在于巧用图画激发学生兴趣，将文字以直观图画的形式呈现出来，从而帮助学生理解课文，完成背诵。

通过"5W2H"分析法评价第一阶段的实施效果，"将图像记忆策略运用于小学高年级英语短文类课文背诵"的方向是明确的，且具有一定价值。根据分析的结果，How（怎么做）将是下一阶段重点改进的维度。英语教学注重的是情境教学，在创设的情境中让学生理解语言、操练语言，并以能在实际情境中运用语言为最终目的。在第一次实施阶段中，是将单个或数个文字转换为符号、图示，脱离了语言情境，学生看图就等于读码，违背了语言学习规律。

那么，如何才能在图画中体现情境呢？以图画书为例，图画书里的每一页都讲述着不同的内容，但这些内容是相联系的，而整本图画书就串起了一个完整的故事。我们在看图画书时，不需要借助任何的文字，都能够明白它想要表达的内容。同样地，学生可以以课文的内容作为图画创作的蓝本，将文字、句子巧妙地像讲故事般地呈现出来。即便是没有接触过课文的人，看到图画以后也能明白个中的意思。更重要的是，图画以一个个故事情节的形式呈现出来，能帮助学生进行有意义的理解和识记，从而帮助学生背诵课文。

综合上述分析，将分析内容整合为表格，如表3-1所示。

表3-1 "5W2H"分析

5W2H	层次1	层次2	层次3	层次4	结论
Who	小学高年段学生	教材难度加大，继而学习难度加大	五年级学生	五年级正是教材设置转变的阶段。从中年段以对话类课文为主转变为高年段的包含对话类和短文类课文	从五年级学生开始为佳

续上表

5W2H	层次1	层次2	层次3	层次4	结论
When	小学高年段	高年段教材难度增加，尤其是短文类课文	小学五年级	同上	从小学五年级开始为佳
Why	部分学生英语基础较弱，学习能动性较差，无法完成背诵	学生本身不明白背诵的意义和作用。背诵变成无用的负担	短文类课文篇章长、词汇多、结构难。背诵此类文章对基础薄弱的学生无从下手		学生自身英语水平、学习态度和短文类课文本身特点增加了背诵的难度
What	背诵对部分学生而言难度较大	背诵课文、积累语言材料，能为学生输出语言做准备。但词汇量不足、语感较弱等原因导致部分学生无法完成背诵	高年段教材难度增加	其中的短文类课文更是大大加大了背诵难度	如何帮助基础较弱的学生背诵短文类课文？
How	采用"图像记忆策略"，对文字进行"文字↔符号"转换	"图像记忆策略"的采用基于小学生以形象直观为主的思维特点	从"文字-符号"转换调整为"文字↔图像"转换	"文字↔图像"转换就像将文字用图画以故事情节的形式呈现出来，更重视语言情境的创设，有助于学生对文字进行有意义的理解和识记，从而帮助学生背诵课文	"文字↔图像"转换

（二）第二次实施

改进后的短文类课文范例：

Every day I wake up at 5 a. m. and help my father milk the cows. We have more than 50 cows, so I always have plenty of fresh milk for breakfast.

——选自广州版小学英语六年级上册 Unit 2 *A country life is a healthy life*

教师借助图像为学生逐步呈现句子的内容，图像的呈现过程体现了课文内容的顺序性。

学生参考了教师的示范后，再根据自己对课文的理解创作图像。

在第二次实施阶段，不仅在操作上，在评价方式上也做了调整。除了背诵课文外，还增添了默写短文类课文的环节。考虑到课文默写是初次应用于课堂，为了让大部分学生能适应这种形式，教师起初会降低默写的难度，在默写纸上给出较多的提示词让学生完成填空。随着学生逐渐熟悉这种评价方式，默写纸上的提示词会相应地减少。

本人任教六年级两个班，两个班的学生从五年级开始至今前后经历了两个阶段的尝试，基本掌握了此方法。为了检验"图像记忆策略"对短文类课文背诵的作用，本人统计了两个班对六年级上册 Unit 6，8，10，12 四篇课文的默写情况。统计数据如表 3-2 所示。

表 3-2　课文默写情况统计

课文	六（1）班		六（2）班	
	过关	不过关	过关	不过关
Unit 6	69.70%	30.30%	55.88%	44.12%
Unit 8	82.35%	17.65%	72.73%	27.27%
Unit 10	84.85%	15.15%	85.29%	14.71%
Unit 12	81.82%	18.18%	81.82%	18.18%

尽管学生的默写效果受课文难易度、默写纸提示词的数量、复习次数等方面的影响，从表中依然可以看出，默写不过关的比例有下降的趋势。

四、反思与收获

从初次实施时"发现问题→构想方案→初次实施→改进方案"，再到二次实施，让我体会最深的是，学生对背诵短文类课文的畏惧感减少了。对于新增设的默写练习，学生们从起初的排斥到逐渐适应，到后来更有一些学生将默写全对视为挑战。

"将图像记忆策略运用于小学高年级英语短文类课文背诵"这一方法具有趣味性、直观性的特点。在"文字↔图像"的转换过程中，提高学生对课文背诵的兴趣,并借助图像这一直观的手段,加深学生对课文的理解,从而帮助他们完成课文背诵。此外,本方法除了可以用于辅助背诵外,学生的作品还能作为看图写话的材料,可谓是"一成品,两用途"。然而,本方法也具有一定的局限性。根据不同的学习类型,学生可以分为视觉型、听觉型、动觉型三类。"图像记忆策略"的使用对视觉学习型的学生而言,无疑是一种有效的学习辅助手段;但对于其他学生,尤其是不擅长画图的学生而言,这种方法可能会变成他们的负担。

点评:

"背单词"是学习英语的基本功,毫无疑问属于围绕事实性知识的"记中学"范畴。但纯粹的机械记忆不仅过程单调、乏味,且效果不佳,长此以往更影响了学生"记"的投入度。罗老师以"激趣""简化"为导向,以"文↔图↔文"间的转化为策略,让学生自主而充分地经历信息加工这一过程,并通过两轮实践活动优化了学生在记忆时态、内容顺序等方面的表现,以及背诵辅助材料使用通用性等的环节,在"是否记住""是否记牢""记忆是否有偏差""记忆成本是否高"和"记忆活动特色是否强"等五个维度方面均取得了不错的效果。

二、诊断围绕方法性知识的"做中学"

方法性知识是由方法所构成的知识系统,它包括学科方法和学习方法。通常判断一个人是否掌握了方法,就是看这个人是否会做、会用知识。方法性知识是学习者经由阅读、思考、尝试、交流、讨论、问对、争辩、分析、综合、归纳、总结、提炼、概括、解释、推理、运用和拓展等一系列自主、合作学习的"做中学"过程而获得的,不需要刻意去记,而记住的只是"做中学"获得的与会做、会用相伴生的学习结果。[①]"做中

---

① 吴刚平. 知识分类视野下的记中学、做中学与悟中学. 全球教育展望. 2013 (6): 13-14.

学"的载体是活动,针对上述"做中学"的具体实施方式,诊断活动成效应着眼于观察以下几个方面:

一是活动的预设时间是否合适。在教学观摩中,我们有时认为某些活动有"做秀"的成分,很大程度上是觉得有关活动如蜻蜓点水,学生还没完全投入就匆匆结束,这就是活动在时间预设方面过紧。"做中学"的一个特点就是花时间,教师如果为了赶进度,就会觉得"做"不经济而重拾"记"。这仍是知识观上的偏差,即认为"记结果"比"发现结果"更重要。

二是活动布置的任务是否明确。目前课堂中以小组为单位的各类学习活动非常多,如探究、讨论、协作、角色扮演,乃至分组对抗等。但这些以学生为主体的活动受学生理解能力所限,所以,教师的任务布置一定要清晰,如以文字或图示的方式向学生传达活动意图,篇幅上要简短,步骤上要清晰,使学生能明白老师的要求从而能够配合老师设计的活动。

三是活动在点拨学生探究方向上是否到位。"活动"的目的是为了让学生掌握学科方法和学习方法,解决会学的问题。因此,教师既要敢于放手让学生自己去体验知识,又要估计到学生自主探究时可能遇到的种种困难,或为学生解决学习问题提供针对性的资源上的支持,或随时做好从旁点拨疑难的准备。

四是教师对活动过程的监控是否有力。学习活动开始后,教师既不能自我禁锢于教坛,完全脱离学生,同样不能仅完全参与某一小组的活动,而忽视了其他组活动的推进情况。教师对活动的监控始终应该先胸有全局,确保各组学生都在开展所布置的活动。在此基础上有针对性地深入一两个组,近距离观察学生的活动细节,为接下来的活动点评选取素材。

五是活动中学生的参与面是否足够。无论是小组合作,还是学生独立地自主学习,在锻炼学生综合素质的同时,也会由于学生间投入学习程度上的差异导致"分化"现象的产生,某些时候,这种分化还非常大。因此,教师要从对任务的设计、对学生的倡议、对组长的要求上入手,再加上自我巡视、检查,来杜绝活动中的滥竽充数现象,确保每一位学生在活动中的投入度是合格的。

案例6 "画两个弯曲线"教学疑难点的破解[①]

一、问题分析

"画两个弯曲线"是小学四年级学生学习画图软件中的"曲线"工具一课的重要教学内容,由于在画两个弯曲线操作时,要多次拖动鼠标去完成,期间既要定位好曲线的位置,又要控制好曲线弯曲的弧度,是一个公认的教学疑难点。

二、拟定解决思路

1. 加强操作演示

不但要求教师边讲边演,还要在教师演示之外,增加学生演示,让学生清楚了解画两个弯曲线的操作方法。

2. 强化操作实践

由于教学疑难点在于操作步骤繁复、定位精度较高,需要有较强的鼠标操作能力,而初学电脑的小学生平时欠缺鼠标操作经验,所以,只有让他们清楚操作过程和方法,同时不断加强练习,提升鼠标操控能力,才能画好两个弯曲线,进而解决这个教学疑难小问题。

三、诊断与改进过程

(一)第一次实施

1. 过程描述

老师先在大屏幕上进行"画两个弯曲线"的操作演示,边讲边演。画两个弯曲线需要三个步骤:

(1)定位曲线的起点,开始拖动鼠标,到曲线终点停止拖动,拖出的是一条直线。这条直线跟之前我们学的直线不同:它是一条可调整成曲线的直线。

(2)拖动鼠标调整第一个弯,注意拖动的幅度,控制好第一个弯的弯

[①] 本案例由广州市海珠区菩提路小学李嘉荣提供。原文题目是《信息技术教学疑难小问题"画两个弯曲线"的解决实例》,选用时略有编辑。

曲程度。

（3）拖动鼠标反向调整第二个弯，注意调整曲线的平滑度，使它的最终形状符合我们的要求，因此要小心调整拖动的幅度。

再请学生出来操作示范，同样边讲边演。

最后全班同学进行练习，老师巡视辅导。

2．现象记录

大约70%的学生能掌握两个弯曲线的画法，画出比较符合要求的曲线，20%的学生勉强掌握方法，画出不太符合要求的曲线，10%的学生表示操作遇到疑难，画出的曲线不合要求。

3．效果评价

总体效果一般，也佐证了该教学确实存在一定的难度。进一步用"5W2H"分析法分析，则得到如表3-3所示的结论。

表3-3 "5W2H"分析

5W2H	层次1	层次2	层次3	层次4	结论
Who	小学生	初学电脑的小学生鼠标控制能力较弱	四年级小学生正学习画图软件，需要提高鼠标操控能力，没有更合适的人	因为四年级小学生正学习画图软件，且他们鼠标控制能力不足，需要通过学习提高	四年级小学生
When	学习曲线工具时	曲线工具可画出曲线	曲线工具可画出两个弯曲线，没有更合适的时间	学习曲线工具时可画出两个弯曲线，且需要操作鼠标绘画	学习画图软件的曲线工具时
Where	电脑室	需要使用电脑	需要使用电脑和电教平台，没有更合适的地点	既有可操作的电脑，又有可演示操作的电教平台	多媒体电脑室
Why	鼠标绘画能力低	四年级学生初学电脑，欠缺经验	小学生平时更少用鼠标绘画	小学生平时写字画画都是握笔进行的，较少在电脑上用鼠标进行绘画	小学生鼠标绘画能力低

续上表

5W2H	层次1	层次2	层次3	层次4	结论
What	学习画两个弯曲线	有助于掌握曲线绘画方法	画两个弯曲线操作步骤体现了曲线绘画过程与方法	画两个弯曲线操作步骤相对复杂并能体现曲线绘画过程与方法	学习画两个弯曲线
How	老师演示、学生演示、强化练习	画两个弯曲线操作步骤相对复杂，小学生较难掌握	在原来的基础上增加操作演示微课视频共享	可让有困难的学生反复播放并观看操作演示微课视频，更易解决困难	老师演示、学生演示、强化练习、微课视频共享
How much	30分钟课堂学习时间	该内容是重点也是难点	至少30分钟课堂学习时间	包括学习和练习的时间	至少30分钟课堂学习时间
程度		低 ——→ 高			

（二）第二次实施

1. 过程描述

首先，由老师在大屏幕上进行画两个弯曲线的操作演示，边讲边演。

接着，全班同学进行练习，老师在网络共享文件夹中存放画两个弯曲线的操作演示微课视频，让操作有困难的学生通过网络自行访问，随时观看微课视频释疑。老师有针对性地巡视辅导有困难的学生，解决了3位同学的操作疑难。

最后，请学生出来再次操作示范，并根据自己的实践经验边讲边演，归纳方法。

2. 现象记录

大约90%的学生能掌握两个弯曲线的画法，画出较符合要求的曲线，10%的学生勉强掌握方法，画出不太符合要求的曲线。

3. 效果评价

总体效果良好，增加了画两个弯曲线的操作演示微课视频，让学生自行播放解惑，大大提高了教学效果，弥补了传统师生操作演示带来的不足。学生在实践的基础上再归纳操作步骤与方法，结论的准确性和表达的流畅性皆有明显提升。

4.反思与收获

引入操作演示微课视频，解决了两个弯曲线难画这个疑难小问题，有助于提高学生学习的自觉性和积极性，同时也对传统教学方法进行有益补充，解决了老师"一对多"时难以逐个对学生进行详尽辅导的问题，同时也解决了部分上课易开小差、操作能力较低学生的学习困难问题。提供微课视频共享给学习存在困难的学生随时观看以便解决疑难，是信息技术教学中让学生自行解惑释疑的有效教学方法。

点评：

"做中学"是信息技术学科最主要的学习方式，但机械模仿式的"讲、演、练"教学容易使教师将原本应由学生在"做"中归纳出的方法性结论直接呈现给学生，变异为"记中学"，事实上教师的第一次活动实施时就有这方面的倾向。在第二次活动实施中，老师一方面提供了微课资源，不但强化了操作示范的效果，而且将观看示范的主动权交给了学生，使"做"的过程更具个性化、真实感，老师也得以腾出手来抓学困生，"啃硬骨头"；另一方面，将学生示范与总结这一环节调整到"全体实践"之后，使方法的总结真正做到基于"做"。

三、诊断围绕价值性知识的"悟中学"

价值性知识是由价值观念所构成的知识系统，包括学科价值和学习意义。学生需要在"做中学"的基础上，经由体验、反思、比较、权衡、取舍、相互激发、借鉴、建构等体悟过程，指向某种个人价值和社会价值的创造，形成个人和社会的行为准则和信仰系统。价值性知识是一个人精神面貌的灵魂，是个人行为动力的精神支柱。对于学生而言，只有通过"悟中学"获得的知识系统才是真正的价值观念，才能成为学生的行动准则和行为动力。诊断课堂"悟中学"的效果可从以下几个方面进行：

一是诊断不同类型的学习是否衔接好。"悟中学"是一种较高层次的学习，它需要借助"做中学"扫清学生理解上可能存在的障碍，使学生的"悟"建立在真实、客观的基础上；反之，如果前一步的理解就已经错了，学生当然不可能悟出老师所期待的价值观念。

二是诊断是否创设了有利于激发情感的情境。环境对情感具有巨大的诱导作用，如果教师能通过语言、技术、物质材料等手段营造起一个高仿真的情境，一定有助于学生沉浸其中，产生良好的学习体验，引发强烈的情感共鸣，实现"代入"进而悟出真实、有意义的价值观念。

三是诊断教学能否紧扣关键词，在反复品味中悟道。文本是课堂教学中最重要的教学资源，教师可通过指导学生与文本对话，引领学生走进文本，实现与作者的心灵交流。品味关键词是对话文本的常用方法，一般做法是先理解关键词的基本意义，再与它的近义词比较，看能否被替代，品味其中最细微的差异，悟出词义中蕴含的情感、态度等因素，进而产生对文本中寄托的价值观的认同、肯定。

案例7　鱼骨图式设问展现思维课堂之美[①]

一、问题分析

作为教师，有一个问题一直存在于我们的职业生涯，或许终其一生都不能获得一个明确的答案。这个问题就是：怎样的课才是一堂好课？

学生喜悦的眼神？同事由衷的肯定？领导极力的推荐？为了达到这种罕见的成就感，教师们使尽浑身解数，于是乎，形形色色的课堂模式层出不穷。教师摇身一变，说、学、逗、唱，样样在行；学生华丽转身，真、善、美、勤，光鲜亮丽。其实谁都知道，教师的这种美轮美奂的高度个性化的课堂不可复制，学生的这种光芒四射的至美表现亦会好景不长，甚至只是昙花一现。因此，回归到常规课堂，探索静态教材中蕴藏的奥秘，寻求教与学过程中学生学习的真谛，展现"问题—知识—真理"课堂教学的

[①] 本案例由广州市第九十八中学吉蝶婵提供。原文题目是《设精心之问，展思维之美——依托文本，嵌入鱼骨图式思维的设问》，选用时略有编辑。

思维过程,才是一堂好课的真正魅力。

因为有问,才有思;因为有思,才有析;因为有析,才有判;因为有判,才有得。精心设问是课堂教学的核心要素,如何提好问题更是核心中的关键。关于语文课堂教学中的设问,有人认为是对文本的条分缕析,追求面面俱到,结果毫无主次之分,各个问题犹如一盘散沙;也有人认为是对文本的层层设问,问的错落有致,层次分明,深浅不一,呈现的是自然有序之态。事实上,胡乱的课堂设问只会拼凑成机械破碎的课堂,而精心设计的课堂设问才会达到有针对性的思维训练,生成完美的课堂。

二、拟定解决思路

我们经过多年的教学实践和反复琢磨,对课文的文本解读和学习,有针对性地进行"四段过程设问",展现思维课堂之美(表3-4)。

表3-4 四段过程设问

思维问题指向	四段过程设问
1. 是什么	学生从创设的情景中切入文本,整体感知课文,粗略地概括和把握文本写的是什么
2. 怎么样	学生从课文中产生一个问题,作为思维的刺激点。整理课文,厘清思路,找寻文本中事物的变化发展过程及最终的结局
3. 为什么	学生通过必要的观察和调动已有的知识来思考为什么是这个结局,在此过程中品读鉴赏课文,深入探究课文的主题和作者的情感
4. 怎么做	学生一步步认清事物的本质和真相,明白真理,形成自己的价值感和情感态度。总结课文,迁移拓展,形成自己的认知和能力

其中,高水平的设问是关键。我们在阅读了大量的书籍后,发现了一种叫做鱼骨图式的方式可以运用于语文思维课堂的设问之中。

鱼骨图,又名石川图,也可称之为"Ishikawa"或者"因果图",由日本管理大师石川馨先生发明。它看上去像鱼骨,问题或缺陷(即后果)标在"鱼头"外。在鱼骨上长出鱼刺,上面按出现机会多寡列出产生问题的可能原因,说明各个原因之间是如何相互影响的。

如何做课堂微诊断

鱼骨图的类型有三种：整理问题型鱼骨图、原因型鱼骨图、对策型鱼骨图。

整理问题型鱼骨图，即发散性思维，各要素之间不存在因果关系，只是简单的并列构成关系，这类思维方式在散文教学中较多。如朱自清的《春》。在教学中，教师提问的思维方式即可围绕春景图的构成因素有哪些来统摄全文。

$$\text{春景图}\begin{cases}\text{春草图}\\\text{春花图}\\\text{春雨图}\\\text{春风图}\\\text{迎春图}\end{cases}$$

原因型鱼骨图，即逆向性思维，先展现事情的结局，再层层推因，针对问题点，选择从不同层面、不同角度、不同对象入手，按"头脑风暴"分别找出所有可能的原因。如鲁迅的《孔乙己》，在教学中，教师的提问方式即可按照造成孔乙己的悲剧原因有哪些来统摄全文。

$$\text{孔乙己的悲剧原因}\begin{cases}\text{社会原因}\\\text{自身原因}\\\text{直接原因}\\\text{根本原因}\end{cases}$$

对策型鱼骨图，即纵向性思维，先摆出现象，再分析问题，最后得出结论。如罗迦·费·因格的《事物的正确答案不止一个》，在教学中，教师的提问方式即可按照如何得到更多的答案来统摄全文。

首先，事物的正确答案不止一个。

其次，怎样获得更多的答案。

接着，要拥有创造性思维。

然后，创造性思维具备的要素。

……

最后，问题的解决，如何得到更多的答案，即先拥有更多的知识，灵活地运用各种知识并且持之以恒地实践，相信自己是富有创造力的。

三、诊断与改进过程

这里以人教版九年级下册第三单元第10课《那树》为例，来看看语文课堂教学中是如何采用"四段过程设问"的层层设计、环环相扣过程，激发学生思维的。思维过程的体现从教学的第二板块开始记录和描述（表3-5、表3-6）。

（一）第一次实施

第一板块：课前准备（激趣导入、作者简介、字词正音）。

表3-5　学习过程和效果（第一次）

教师教学板块（四段过程设问）	学生学习过程和效果记录
第二板块——朗读课文，整体感知。 教师提问1：课文写了什么？	学生聆听式默读或自由朗读课文，被问时无思考的具体切入点，思考不积极
第三板块——整理课文，厘清思路。 教师提问2：课文怎样划分段落层次？	学生再次茫然地拿起课文，从头至尾看一遍，毫无头绪
第四板块——细读课文，品味鉴赏。 教师提问3：课文中运用了哪些写作手法？	学生又从头至尾看课文，找出一些零散的比喻、拟人等修辞手法，缺乏具体的情感联系，手法的作用无从谈起
第五板块——总结课文，拓展迁移。 教师提问4：你从课文中得到了什么启示？	学生谈到了人的冷酷无情和自私，理解总结较为片面，没有上升到人与自然的和谐相处和如何处理经济建设与生态环保的问题

表3-6　"5W2H"分析

5W2H	层次1	层次2	层次3	层次4	结论
Who	教师提问 学生回答	教师引导启发 学生思考回答	无	无	教师和学生
When	四个时段： 1. 整体感知时 2. 整理文章时 3. 品读鉴赏时 4. 再读课文时	1. 初读时第一印象 2. 整理时层次渐清 3. 细读时品味精彩 4. 再读时感情升华	无	无	定时间 定顺序

续上表

5W2H	层次1	层次2	层次3	层次4	结论
Where	课室	常规教学	无	无	课室
Why	无	无	无	无	无
What	1. 概括内容 2. 理清思路 3. 品读鉴赏 4. 拓展迁移	理解、掌握文本，习得知识，形成能力	无	无	定事 定主题
How	生硬空洞地提问：写了什么？如何分段？用了什么写作手法？得到什么启示？	传统的教学模式	有	设问更具体，有生动的情景，贴合学生的生活实际，遵循学生思考的由浅到深的规律	定方法
How much	无	无	无	无	定耗费 定成本
程度		低————→高			

反思和小结：整个课堂被硬生生地人为地割裂成几个零散的板块，缺乏主体的统摄，设问之间没有依托文本和嵌入主体式的脉络梳理，因此设问之间毫无关联和梯度层次之分，课堂是死板枯燥的，也因此失去了原有的思想灵魂和活力。

（二）第二次实施（表3-7）

表3-7 学习过程和效果（第二次）

教师教学板块（四段过程设问）	学生学习过程和效果记录	思维指向
第二板块——朗读课文，整体感知。 教师提问1：那是一棵什么样的树？（设计意图：旨在要求学生描述早期的树，集中在文章的前5段）	学生聆听式默读或自由朗读课文，由课文前5段可知： 那是一棵古老茂盛、繁密坚固、默默无闻、无私奉献的树	1. 是什么

续上表

教师教学板块（四段过程设问）	学生学习过程和效果记录	思维指向
第三板块——整理课文，理清思路。 教师提问2：那树有怎么样的经历？（设计意图：旨在要求学生说出那树早期—近期—现在的历程，划分段落层次）	学生自然地把文章读下去，时间顺序显而易见： 早期的树：无私奉献（1—5） 近期的树：被质疑遭嫌弃（6—8） 现在的树：惨遭屠戮（9—11）	2. 怎么样
第四板块——细读课文，品味鉴赏。 教师提问3：那树为什么会有这样的经历？ 细问：直接原因是什么？ 追问：根本原因是什么？	学生快速地找准范围，找出细节描写，品味文章的语言和表达技巧： 以交通专家为代表的人类——司机的嫌弃、伐木工人的砍伐（人物语言描写、动作描写、拟人等修辞手法的赏析）。 普通代表——清道夫的描述，蚂蚁搬家（细节描写、比喻、拟人、讽刺等修辞手法的赏析）。 直接原因——人的无情和自私（咬、嚼、呻吟等重点词语的理解和赏析）。 根本原因——经济发展与环境保护的不平衡（铺、架、挨、一里里、一千码一千码、一排排等词的理解和赏析）	3. 为什么 （直接原因） （根本原因）
第五板块——总结课文，拓展迁移。 教师提问4：树的悲剧可以避免吗？如果你是交通专家将如何处置这棵树？	学生在深入分析品读文章后发现，作者对树的痛惜和怜悯之情溢于言表，学生深受感染，于是避免悲剧重演而保护自然的情感油然而生。学生的情感此时达到至高点，思维发散活跃（提出各种精彩的措施建议）： 1. 会在老树周围种上花草，修一个转盘，让老树继续为人类送来清凉。 2. 会利用现代化的科技手段，把老树移栽到森林里，让它回归自然	4. 怎么做

反思和小结：此次的设问是遵循了一个整体的思路过程，线索是围绕"那树"。那树外在的形貌和内在的品质是什么？一棵如此好的树结局如何？为什么会这样？我们因此知道了什么？设问是环环相扣、水到渠成的，也遵循了学生由浅入深、由果推因的思维规律，整堂课显得和谐自然，学生活跃，学有所得，学有所乐。

四、反思与收获

课堂设问中，应该遵循一个完整的思维过程的原则。每一堂语文课都包含着一个完整的思维过程，语文课堂教学中要注意挖掘教材等文本中的思维之美。我们认知任何事物，包括对知识的汲取，都首先会"整体地泛泛地感受"，然后才会对事物或者知识的某一局部进行聚焦和深思，我们会不断地深入和理解，在此过程中也会不断地更换聚焦点，语文课堂教学便是如此。比如在理解课文时，我们可能会在文本形式和文本内容之间进行注意力的转换，或者更常见的是我们先分段，再逐段加以聚集分析，有时甚至会对一个字、一个词、一个标点、一句话加以反复和细致地咀嚼。即便如此，我们所有的深究看似散乱，实则"形散而神不散"，因为我们的种种剖析是在最初的整体的背景下完成的，是不会失去整体性的。况且我们的潜意识中这些看似毫无头绪、毫无关联的聚焦点有时是滴水藏海，有时是顺藤摸瓜，有时是点、线、面的渐进结合，不管哪种形式，它都可以统摄全文，它都是整个文本的脉络和骨骼，是文本的主体，它是有主题的，有灵魂的。通过这个主干，所有的细枝末节都可以依附在它上面，由它和细枝末节构成的是一个完整的文本。因此，在课堂设问中，我们都应该遵循一个完整的思维过程的原则，事实上我们的文本也是一个这样的结构，或者是这个结构的变式。以此可见，文本之思，重要之至，课堂设问，重要之至。为了保护思维过程的完整性，遵循学生的认知规律，教师的设问应该是有秩序的，有梯度的，有始终的。

生成学生的情感体验，是鱼骨图式思维设问运用的前提。任何一个学习过程都是一个由浅入深、由表及里的过程。因此，语文课堂上也是一个由感性阅读进入到知识性阅读的过程，无论什么时候，感情都是从文本中读出来的，而不是硬生生地逼入文本的，只有恰如其分的感情，才能真正理解文本，学到知识，提升能力。因此，语文课堂上应该创设一种交际性的课堂情景，让学生置身其中，身临其境，学生才会主动地调动已有的知识结构和经验水平，结合自己的认知风格去理解，进而内化生成自己的知识和能力。

点评：

设问是教师基本教学技能之一。吉老师通过学习，以文本作为设问的重要的教学资源，在心中形成一个完整结构的基础上（或说全面解读和整体感知的基础上）统摄全文，抓住教学关键环节，在激发学生情感的情境中，设计出鱼骨图式、结构性问题，有效引导学生"悟中学"。

"经济""高效"的讲授法一旦成为课堂教学的唯一方法，必会把方法性知识和价值性知识都蜕变为事实性知识。表面上看，学生学会了知识，获得的知识总量甚至有可能增加，但是知识结构和学习方式结构却不合理，只记住了一堆死知识，缺少活的方法性知识和稳的价值性知识，不能活学活用，不知为何学习，更不能乐学乐用，[①] 导致身心疲惫，得不偿失。因此，教师教学要先厘清知识的正确分类，以恰当的方式开展学习，并要勇于对自我课堂进行定期诊断，考察自己"记中学"、"做中学"和"悟中学"的执行效果。

[①] 吴刚平．知识分类视野下的记中学、做中学与悟中学．全球教育展望．2013（6）：15.

第四章　课堂微诊断的主轴线

课堂微诊断的着眼点主要在于课堂教学细节或课堂环节，诊断内容是课堂教学实践中碰到的真问题、实问题、小问题，诊断的周期短，见效较快。课堂微诊断以"选点较小、过程翔实、方法精准、成效求实"为基本操作的主轴线。

一、诊断选点较小

课堂微诊断既不是中观的，更不是宏观的；它的视域、论域和选点都比较小。课堂微诊断的着眼点应在于教学细节或课堂环节，它不需要触及该问题的方方面面，更不需要形成系统的经验总结，也不一定要将自己的诊断结果完全呈现，关键是要让自己体会到"眼前一亮""心头一喜"的愉悦。诊断的内容是教师课堂教学过程各个环节中有价值的细小问题。问题可以具体到一堂课的教学设计思路、授课导入方式、课堂提问、作业设计类型等等。

案例8　一年级学生不良书写姿势的纠正[①]

一、问题分析

写字教学是小学语文教学最基本和最重要的内容和任务之一，而培养学生养成正确的书写姿势是一年级写字教学的重点与难点。开学初，老师在对班级写字情况进行调研时发现，学生写字的"双姿"存在较大问题：有78.57%的学生执笔姿势有误；61.9%的学生写字时，胸口紧贴桌子；

[①] 本案例由广州市海珠区南武小学陈晓敏提供。原文题目是《一年级不良书写姿势纠正策略初探》，选用时略有编辑。

还有 26.19% 的学生写字时，眼睛离本子不足一尺。经过一段时间的训练，学生的书写姿势有了改进，但是，不良的写字姿势总是在班级中出现反复的情况，未能彻底得以纠正。

二、拟定解决思路

针对以上问题，笔者拟定了如下解决思路，拟进行针对性研究和训练（图 4-1）。

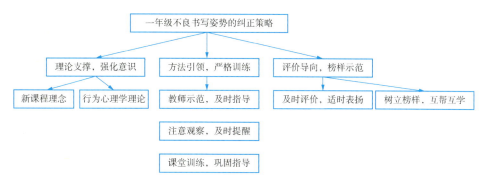

图 4-1 一年级不良书写姿势的纠正策略

三、实施和改进过程

（一）第一次实施（表 4-1）

依据解决思路，笔者在一年级上学期的九、十月进行了习惯的培养与纠姿的一系列工作，整体情况如下：全班端正写字姿势的自我意识明显得到提高，学生能够掌握正确的书写姿势。但存在着以下两个问题：其一，坚持的时间较短。刚开始学生在教师的提醒中能够按照正确的姿势进行书写，但是随着书写的时间逐渐加长以及写字量的逐渐增多，姿势就会松散下来。其二，部分同学在入学前的执笔姿势已经定型，写字惯用自己觉得舒服的姿势，只有在教师巡查的时候才会马上改过来。

笔者对这两个月的纠姿做出如下评价：①方法恰当，落实需更到位。课堂的书写姿势纠正落实较好，但是离开教师的监管，学生的书写姿势又可能恢复到初始状态。②学生的自我意识提高，自我遵守及践行的能力需要加强。③缺乏家长的帮扶，巩固效果差。

表4-1 "5W2H" 分析

5W2H	层次1	层次2	层次3	层次4	结论
Who	一年级新生、教师	为什么是他？被教育者和教育者	有更合适的人吗？家长、一年级新生、教师	为什么是更合适的人？家长能够做到"一对一"的监督和指正，并且时间更长	定人员：一年级新生及教师、家长
When	语文课	为什么在这个时候？教师能更有力地落实教学方法	有更合适的时间吗？有，课外的时间	为什么是更合适的时间？课外的时间更是检验和改正姿势的最佳时间	定时间：课堂-课外-课堂。定顺序：课堂上落实，课后跟进，改正及反馈，回归课堂又根据反馈继续巩固加强
Where	教室	为什么在这个地点？便于掌控以及统一讲解	有更合适的地点吗？家里和教室	为什么是更合适的地点？家里的环境是对学校环境的一种补充，更是一种考验，换了地点还能坚持姿势，才算见效	定位置：家里及教室
Why	书写姿势影响着书写质量和速度	为什么是这个原因？姿势不正确，常感到疲劳	有更合适的理由吗？书写姿势影响着书写质量和速度，更关系着儿童的身体发育健康	为什么是更合适的理由？立足儿童的长远发展	定原因：书写姿势影响着书写质量和速度，并且影响着儿童的身体发育健康
What	纠正书写姿势	为什么做这个事情？正确的书写姿势不仅关系到能否把字写好，还关系到儿童的身体健康和正常发育	有更合适的事情吗？提笔就是练字	为什么是更合适的事情？不能单靠课堂教学来完成，只要是写字就要有正确的姿势，任何时候不能松懈	定事：纠正姿势。定主题：提笔就是练字

续上表

5W2H	层次1	层次2	层次3	层次4	结论
How	语文教师主导，课堂阵地落实	为什么采用这个方法？便于落实和检验	有更合适的方法吗？有，家长配合，落实"提笔就是练字"的要求	为什么是更合适的方法？家校联合，抓住每个提笔纠姿的机会	定方法：1.齐抓共管，家校联动。2.加强意识，自我纠姿
How much	课堂时间	为什么要这些花费？讲解后方可检验落实	有更合理的花费吗？家长的投入及配合程度可大大缩小成本	为什么是更合适的花费？后期的跟踪和反馈是巩固方法和检验效果的重要组成部分	定耗费：家长的用心和配合程度。定成本：每天的跟踪和改进
程度		低 ——→ 高			

（二）第二次实施

本次实施重心落在对部分学生的针对性辅导以及全体家长的家校互动上。具体操作比第一次实施增加了以下措施。

1. 齐抓共管，家校联动

（1）培训家长，指引方法。在家长会上统一进行家长的培训，将方法落实到每一位家长。此外，通过班群、校讯通等方式进行图片的展示、方法的讲解，通俗易懂地呈现给家长，坚持不懈地培训，更新理念，跟上集体改进的步伐。

（2）跟踪反馈，每日一查。要求家长上学期每日亲力亲为陪伴孩子写作业，以此观察和跟进孩子的书写姿势情况，进行每日一查，并把相关情况反馈给教师。

（3）姿势练习，每晚监督。每晚让学生进行五分钟的姿势练习，做到心中有数，并且能落实正确，不断地巩固，以此让孩子养成良好的习惯。

（4）及时评价，激励共进。家长及时评价学生，让学生在家中就乐于养成正确的姿势，不把它当作一项苦差事。教师及时评价家长，让家长在坚持中看到希望与认可。

（5）创设氛围，环境助力。班级写字中，孩子们的书写速度不一，在这种参差不齐的书写速度中，孩子的书写质量和书写姿势容易受到影响。家里单一的环境有助于学生更加静心写字。要求家长创设安静舒适的写字环境，避免一切干扰源的进入，为学生提供良好的写字氛围，使其能够安定自主地进行写字的练习。

2. 加强意识，自我纠姿

（1）增设写字姿势提醒员，齐心念诵写字姿势口诀。我们在听了区级公开课《小小的船》后，向中心组的教师学习了写字口诀，也试着像公开课那样增设了写字姿势提醒员，在练字前念诵一遍，学生的纠姿意识和积极性都得到了提高。

（2）深化"提笔就是练字"的理念，提高纠姿的自我意识。提高纠姿的自我意识，不仅仅是在语文课堂上，更要落实到每时每刻，让学生一拿起笔就想到了书写姿势口诀，就想到了练字的姿势要求。

（3）降低写字要求，循序渐进练好姿势。刚入学的孩子，教师和家长不要太过注重字的端正和美观，尤其不该强调笔画的有力，因为在没有完全掌握正确的书写姿势前，强调这些要求只会进一步助长学生不良姿势的养成。

（4）器物辅助纠姿，对个别学生进行针对性指导。针对个别姿势已经定型的学生要加强指导，可适当采用"握笔器""橡皮筋"等器具，进行针对性提醒。

四、反思与收获

在第二次实施后，效果更加明显。在学期末学生的写字专项测评中，书写姿势中"包指""内拐"等现象明显减少。此外，写字姿势的正确更是书写质量的基础，学生在期末写字专项测评中，只有三名学生被扣分，达标率为92.86%。反思一年级上学期的教学研究，总结如下。

（1）书写姿势的正确性影响着书写的速度和质量，而书写姿势的正确性又受制于手部肌肉以及精细动作的发展，所以，家长和老师都要遵循适当适量适时的原则，不要急于求成，更不能简单粗暴地说教，不然会让一年级学生对写字产生厌恶感和排斥感。

第四章 课堂微诊断的主轴线

（2）在学生的成长过程中，家长对孩子书写姿势的干预和指导产生了极为深远的影响，这种辅助指导的力量能够让孩子更迅速到位地掌握正确的书写姿势。

（3）"提笔即练字"的理念要伴随着孩子的整个小学阶段，在入学初，这种理念的起始灌输显得愈加重要。

（4）写字姿势的正确是一种良好习惯的习得及养成，这需要立足于科学的行为心理学理论，持之以恒地进行训练。

（5）写字姿势的指导和训练要注意个体差异性，对个别学生要强化认识，有针对性地进行指导。

（6）写字姿势的训练方法要多样，评价要及时，效果才会明显。

纠正学生的写字姿势是一个漫长和困难的过程，运用方法要多管齐下才能达到更显著的效果，教师更要不断地总结、研究，因为这项训练不仅关系到学生能否把字写好，还关系到儿童的身体健康和正常发育。

点评：

本案例较好地体现了"点小""求实""做足"三个特点。"点小"体现在相比于"提高成绩""能力培养"等热点问题，"不良书写姿势纠正"这一选点可谓既小又冷门。"求实"既体现在教师对学生健康成长的关心，又表现在教师对不同年段学生生活要求的准确把控。目前高中生的近视率高达80%，陈老师倾力抓行为习惯的培养，抓常规的建立，虽然说不能带动成绩的迅猛提升，却充分反映了"以生为本"的理念，反映了老师"小题大做"的精神。围绕行为矫正这一目标，教师先是深入学习行为心理学等理论；再设计了一系列干预措施，如示范、提醒、激励等强化实践成效；最后还通过"5W2H"分析法诊断行动的有效性，科学地调整了部分干预措施，避免了拍脑袋式的干预处理，体现了老师严谨的工作态度。

二、诊断过程翔实

课堂微诊断的过程是教师对课堂教学行为进行观察、内省、反思与探索的过程,教师在课堂教学过程中有意识、有计划地去解决一些问题,在诊断过程中,把自己的日常备课、教学过程、教育策略、相关活动的内容,与自己提出的诊断问题紧密结合起来。内省、反思是课堂微诊断的起点,对问题的求证是课堂微诊断的本质。在"反思"中"诊断",在实践中求证,课堂微诊断以校为本,立足课堂,围绕学科教学展开研究。因此,课堂微诊断不仅仅是一种诊断方式,也是一种教与学改进的过程。课堂微诊断抓住教学中需要反复强化的某类问题,在一段时间持久关注,详细且循序渐进地解决问题。教师关注课堂微诊断,就是做课堂教学行为优化的有心人,优化学生行为习惯的有心人。

案例9 "乘法分配律"易错问题的改进①

一、问题分析

乘法分配律涉及加法、乘法两种运算,更显复杂,是计算教学中的一大难点。学生在实际应用中经常出现错误,虽然错误的表现形式不同,但究其原因还是对乘法分配律的本质不理解,学习停留在表面形式,层次上属于机械模仿。

乘法分配律的数学本质是乘法意义,即求几个相同加数的和的简便计算。从理解乘法意义上着手理解乘法分配律可以避免形式上的机械模仿而形成思维定势,能凸显"计算有法,但无定法,有理可循"的思想。

二、拟定解决思路

为使学生能理解乘法分配律,我初步拟定了一个解决思路(图4-2):

---

① 本案例由广州市海珠区第三实验小学林志宏提供。原文题目是《关于〈乘法分配律〉易错的问题的跟踪·改进——从理解乘法分配律的数学本质着手》,选用时略有编辑。

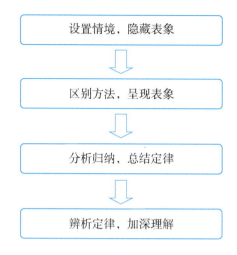

图4-2 解决思路

首先,从学生的生活实际出发,把数学知识和实际生活紧密地联系起来;其次,在生活情景中引导学生观察、发现、验证、归纳,初步感知规律;最后,通过描述、完善认识,达到对规律的理解。

三、诊断与改进过程

(一) 第一次实施

1. 设置情境,隐藏表象

首先,设置"植树节"情境。出示植树主题图,让学生通过仔细观察、寻找、整理,发现已知条件:一共有25个小组参加植树活动,每组有4名同学负责挖坑、种树,有2名同学负责抬水、浇树。

其次,提出问题。根据已知条件提出"一共有多少名学生参加了这次植树活动"的问题,师生共同解决。进而组织学生独立思考,分组讨论、分析:先算什么,再算什么。各小组选派代表汇报本组的解法。经过整理,得出两种方法,一种是先求每组的人数,再求总人数:(4+2)×25=6×25=150(人)。另一种是先分别求出负责挖坑、种树和抬水、浇树的人数,再求总人数:4×25+2×25=100+50=150(人)。

2. 区别方法,呈现表象

引导学生观察、发现:虽然这两种方法的解题思路不同、列算式不同,但是最后计算结果是相等的,即(4+2)×25=4×25+2×25。也就是说,既可以先求每组的人数,再乘组数来求出总人数;也可以先分别求出负责挖坑、种树和抬水、浇树的人数,再相加来求出总人数。

顺势让学生思考下道题:25×(4+2)○25×4+25×2,中间应该填什么符号?为什么?

3. 分析归纳,总结定律

首先,猜想并仿照举例。通过引导学生思考类似的算式是否都有这样相等的关系,组织学生在小组内交流、讨论、合作,并让学生仿照上面的例子举出类似的算式。学生举例如下:

①(25+15)×4=25×4+15×4;

②(2+8)×19=2×19+8×19;

③(13+42)×16=13×16+47×16。

……

其次,验证例子。通过算一算,检查等号左右两边的算式结果是否相等,再进行检验。

再次,引导归纳总结乘法分配律。在(4+2)×25=4×25+2×25等式中,等号左边算式的运算顺序为:先求和,再求积。等号右边算式的运算顺序为:先求积,在求和。师生共同归纳等式的特点:"先求和,再求积"="先求积,再求和"。即两个数的和与一个数相乘,可以先把它们与这个数分别相乘,再相加。这叫作乘法分配律。

最后,建立字符模型。引导学生进行知识迁移,用字母来简便地表示乘法分配律,得出$(a+b)×c=a×c+b×c$,顺势让学生思考$a×(b+c)$和$a×b+a×c$是否相等。

4. 辨析定律,加深理解

引导学生思考:乘法分配律与其他定律的辨析,尤其是与结合律是否一样。组织学生在小组中讨论、比较,然后以小组为单位选派代表发表各小组的意见,并相互交流。得出结论:乘法结合律是三个数相乘,而乘法分配律是两个数的和同一个数相乘。

经过以上四步实施后,发现虽然错误率有所下降,但效果不明显。错误主要包括三种：一是运用乘法分配律时漏乘，例如：$25×404=25×400+4$。二是缺项时不知如何运用乘法分配律，例如：$15×99+15$，学生看不出可以运用乘法分配律进行运算。三是在比较复杂的运算中不知如何运用乘法分配律，例如：$82×33+82×47+82×2$，学生看不出可运用乘法分配律，便使用原始算法。

针对初次实施效果，我运用"5W2H"分析法进行分析，得出结论：学生对乘法分配律的本质不理解。具体分析如下。

第一维度分析（who）：教师、学生和教材均需重新审视。

首先是教师。初次实施时，备课时对学情分析不够透彻，忽视了学生的认知特点。同时，对教材的把握不够深入。

其次是学生。四年级学生的思维更多时候表现出的是前运算阶段的思维方式，对图形更为敏感，对抽象代数符号有陌生感。这也就造成学生更多的是从"形"上简单地记忆乘法分配律的公式，而不能准确地把握乘法分配律的本质。

最后是教材。教材是借助下面一幅植树图来阐明乘法分配律的。先呈现两种不同的算法，分别是$25×4+25×2$和$25×(4+2)$，然后引导学生发现这两个算式结果相等的关系，接着呈现乘法分配律的文字描述和字母表达式。学生无法体会到动态的"分配"过程，因此无法在头脑中建立乘法分配律公式的形式和意义之间的联系，只能机械地去记忆和套用公式。

第二维度分析（when）：第一步教学环节及第三步教学环节中的归纳定律小环节出现的时间点需调整。

首先是实施时间。早上第一节课，学生记忆力好，头脑清晰，有利于刺激数学逻辑思维，不存在困乏等不利于教学的因素，因此无需调整。

其次是四步教学环节出现的时间点。因要从乘法意义入手，而乘法意义，是在二年级学的知识，时间过了两年，需要复习，需要铺垫，所以第一步教学环节需挪后。

最后是第三步教学环节中的归纳定律前，验证例子的方式单一，仅从计算结果入手，体验"分配"过程不明显，导致出现形式主义，学生理解不佳，归纳效果也就不明显。因此，归纳环节挪后，此前补充利用乘法意义的验证方式。

第三维度分析（where）：无需调整。

课室具备本节课所需的所有教学因素：设备、环境、课堂氛围等，因此不需要其他功能室。家只是一个巩固提高的地方，学生习得知识是在课堂上完成的，因此"where"不是影响实施效果的因素。

第四维度分析（why）：不能准确地把握乘法分配律的本质。

无论是将乘法分配律用错，还是没有使用乘法分配律，都反映出学生还只是停留在表面形式上的机械模仿，根本没有理解透彻。所谓理解，就是将新知识与已有知识经验发生联系，并用已有知识经验来解释新知识的过程，即要关注对乘法分配律算式意义的理解。换言之，没有理解透彻的根本原因就是不能准确地把握乘法分配律的本质。

第五维度分析（what）：乘法分配律的本质——乘法意义。

乘法分配律：两个数的和与一个数相乘，可以先把它们与这个数分别相乘，再相加。而乘法意义是：求几个相同加数的和的简便计算。所以说乘法分配律的本质是乘法意义。

第六维度分析（how）：把乘法分配律的学习还原到乘法意义的知识当中去。

如$(4+2)\times25=4\times25+2\times25$中，等号左边算式$(4+2)\times25$的含义是6个25相加，等号右边算式$4\times25+2\times25$的含义是4个25加上2个25，也就是6个25。可见，把乘法分配律的学习还原到乘法意义这个最本质、最基础的知识当中，非常有利于学生对所学新知识的本质的理解，能提高学生分析问题和解决问题的能力。因此，应在第三步教学环节中补充另一种验证规律的方式：乘法意义。

第七维度分析（how much）：约一个课时。

本实施方案仅针对复习旧知识和新知识讲授环节的实施，这两个环节也仅仅是教学过程的一部分，而一个课时包括整个教学过程，所以仅需要约一个课时。

（二）第二次实施

根据以上分析，我在第一次实施的基础上做了两处修改，补充了一些

第四章 课堂微诊断的主轴线

教学内容，进行第二次实施。具体修改如下。

第一个修改处是在第一步教学环节前补充了乘法意义的旧知识回顾，铺垫教学。上课伊始，我设置了这样三个问题：

（1）乘法意义是什么？

（2）你能根据乘法意义分别说明算式 $5×8$ 和 $12×8$ 的含义吗？

（3）算式 $12×8$ 怎样口算？你能根据乘法意义来说明口算过程吗？

通过这三个问题来调出学生的旧知识，为知识的快速迁移做准备，同时通过第三个问题让学生初步感知拆分的过程，为新知识的学习奠定基础。

第二个修改处是在第三步教学环节中的验证小环节补充了利用乘法意义验证规律的方式。在学生通过计算验证后，我顺势提问还有其他验证方法吗？引导学生从乘法意义入手，即用"几个几加几个几等于几个几"来说明各例子的等式成立，引导学生关注"分配"的过程。

四、反思与收获

第二次实施，我没有过多地重复提及乘法分配律这个概念，但学生能够通过对乘法意义的理解，比较深刻地理解了乘法分配律的本质，对于 $64×64+64×36=(64+36)×64$ 这样一题判断是否运用乘法分配律，大部分学生都能表示肯定，理由是：64个64加36个64等于100个64，也就是（64+36）个64，他们能自觉地从乘法意义上理解这个算式的意义，说明学生从根本上理解了乘法分配律的含义，并能加以运用。

实践证明，从理解乘法分配律的数学本质着手，可以大幅度降低乘法分配律的错误率。

点评：

课堂微诊断关注的是对教师日常课堂教学行为进行诊断，通常要经历"观察→内省→反思→探索"等环节。本例中林老师通过细致的观察，发现机械模仿是学生错误运用乘法分配律的主要原因。他基于自身工作经验，从学生实际出发，以数学知识和实际生活紧密联系为原则，提出了"设置情境，隐藏表象→区别方法，呈现表象→分析归纳，总结定律→辨

析定律，加深理解"的解决思路。在初次实践后，他再以"5W2H"分析法为工具反思教改措施的成效，探索出"增加旧知识回顾""以乘法意义验证规律"的新措施。纵观整个案例，它再次印证了"问题的发现源于持久观察，问题的解决遵循循序渐进"的观点，课堂微诊断过程翔实的特点非常明显。

三、诊断方法精准

方法是解决问题的钥匙，课堂微诊断采用精细的系统化分析方法："5W2H"。"5W2H"源自美国政治学家拉斯维尔在《传播在社会中的结构与功能》中提出的"5W"模式。经过长期的实践与总结，"5W"模式已从最初揭示媒体单一层次的传播要点，发展成为一种精细的系统化分析方法（表4-2），广泛应用于企业管理、生产研发、日常生活和学习等方面。

表4-2 "5W2H"分析

5W2H	层次1	层次2	层次3	层次4	结论
Who	是谁	为什么是他	有更合适的人吗	为什么是更合适的人	定人员
When	什么时候	为什么在这个时候	有更合适的时间吗	为什么是更合适的时间	定时间 定顺序
Where	什么地点	为什么在这个地点	有更合适的地点吗	为什么是更合适的地点	定位置
Why	什么原因	为什么是这个原因	有更合适的理由吗	为什么是更合适的理由	定原因
What	什么事情	为什么做这个事情	有更合适的事情吗	为什么是更合适的事情	定事 定主题
How	如何做	为什么采用这个方法	有更合适的方法吗	为什么是更合适的方法	定方法
How much	花费多少	为什么要这些花费	有更合理的花费吗	为什么是更合适的花费	定耗费 定成本
程度			低──→高		

第四章　课堂微诊断的主轴线

在教育实践领域，虽然涉及"5W"比较多，但是一般往往只涉及"层次1"。开展课堂微诊断，我们从7个维度、4个层次对课堂问题进行全方位的评判。采用该分析方法的操作思路是：对现行课堂进行7个维度的全面反思检评，如果解决该疑难小问题现行做法经过"5W2H"7个问题的审核解释度较高，便可认为这一做法可取。如果7个维度中有一个答复不能令人满意，则表示该方面仍有改进余地。如果某一维度的论证有独创性，则代表可以扩大该层面的效用。

该方法还要体现"跟踪·改进"，因此至少要有两次实施过程，首先要围绕"疑难小问题解决"，进行过程描述、现象记录、效果评价等。在第一次实施后，采用"5W2H"分析法，以"5W2H"7个维度进行评判，明确且具体化改进小维度。针对需要改进的维度，进行第二次实施，并描述实施过程。

案例10　运用字理巧辨字[①]

一、问题分析

识字是语文学科的基础板块之一。培养学生听、说、读、写的能力，提高学生语文素养，均以识字量为基础。然而在小学低年段的识字教学中，由于学生年龄小以及汉字丰富的文化内涵和复杂的形音义搭配，导致学生识字"回生"率偏高。本课题组通过对一系列"回生"字进行搜集整理，发现生字中出现形近而误的概率最高。那么在教学实践中，教师应采取何种识字策略才能让学生巧妙辨别容易混淆的形近字呢？

二、拟定解决思路

通过观察分析，我们得出了识字"回生"主要涉及教师、学生和家长三方面的因素。在此基础上，我们开始搜集"回生"字并进行分类整理。我们认为只有搜集了"回生"字库，才能有的放矢地逐一攻破难题。经过学习和实践，我们提出了"字理识字降低识字回生"的解决策略，拟进行

[①] 本案例由广州市海珠区菩提路小学梁珑提供。选用时略有编辑。

实践研究与相应的总结和反思。（图4-3）

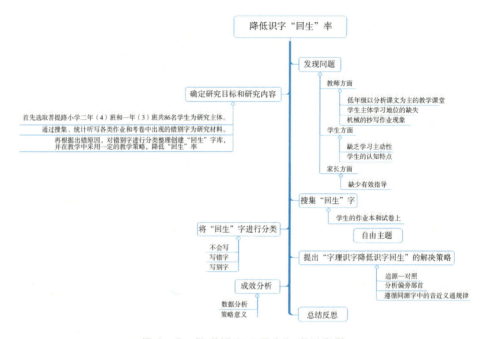

图4-3 降低识字"回生"率树形图

三、诊断与改进过程

（一）第一次实施

1. 教学内容

二年级上学期第八课《难忘的一天》。

2. 课堂教学片段记录

师：（出示生字卡片）谁来读一读？

生：（齐读）

师：读得真好，我们再来读一读。注意在读生字的过程中，对读得不准确的地方要及时纠正。

师：你们看，生字宝宝在夸奖大伙儿读得好。现在，把生字放到词语中，还会吗？

生：（先自由读，再齐读）

师：看来，读好生字一点都难不倒大伙儿。那么写呢？请大家挑一个生字，来说说你用什么办法记住了这些生字。

生：我用"加一加"的办法记住了"礼"字，竖心旁加竖弯钩就是"礼"，礼物的"礼"。

师：很好，这位同学用"加一加"的办法来识字。那么在这一课中，还有哪些生字也可以用上"加一加"的办法呢？

生陆续回答：仔、次、计、细、怦、加。

师：很好，你看，用"加一加"的办法，我们就可以借助熟悉的偏旁部首来记住新学的生字了。

马上进行随堂听写。

师：通过听写，老师发现很多同学把"礼"的"示"字旁写成了"衣"字旁。那么如何区分这两个部首呢？

生："衣"字旁比"示"字旁多了一点。

师：对呀，我们通过观察区分了这两个非常相似的部首。请大家再跟我写一写，区分一下这对"双胞胎"。

3．效果评价

本次的识字教学流程主要分三部分：单个字正音→词语正音→书写生字。看起来很热闹的课堂，通过鼓励学生讲识字办法也一定程度上体现了自主识字的理念。但是，学生究竟识得了多少？对众多形近字又是否分得清呢？通过听写，我看到一个很不理想的结果。

（1）使用"5W2H"分析法评估。（表4-3）

表4-3 "5W2H"分析

5W2H	层次1	层次2	层次3	层次4	结论
Who	教师占据课堂主导地位，学生按照老师讲述来区分形近字	教师引出识字策略来区分形近字，但教师仍旧是学习的绝对权威	教师引出识字策略来区分形近字，学生可通过讨论确定适合自己的辨析方法	教师引出识字策略，学生掌握后，可以举一反三来区分形近字	层次一

续上表

5W2H	层次1	层次2	层次3	层次4	结论
When	学生仅仅在课堂上的识字板块进行形近字辨析	对形近字的辨析贯穿于整堂语文课堂	不仅在学校,在完成家庭作业的时间段,学生主动辨析形近字	通过阅读汉字书籍,主动积累学习汉字的文化,尝试从根源区分形近字	层次一
Where	学生仅在教室,在老师的提醒下才进行形近字辨析	在学校或家里,通过完成作业的形式来区分形近字	校内或校外通过各种资源主动区分在学习和生活中遇到的形近字	通过在书店等场所,阅读汉字的书籍来追溯汉字根源	层次二
Why	老师让学生学	为了完成作业和考试	主动积累、区分形近字	追溯汉字的根源	层次二
What	跟着老师学习和区分课文中的形近字	在老师的启发下积累、区分形近字	学生能主动查找在阅读或生活中遇到较为相似的汉字	学生通过阅读与汉字相关的书籍,从根源区分形近字	层次一
How	被动接受	运用方法,在老师的指导下积累、辨析形近字	掌握方法,能主动积累、辨析形近字	主动阅读、学习,区分形近字	层次一
How much	15分钟	15分钟	30分钟	一个小时	层次一
		低————→高			

(2)开展维度评估。

学习主体:在本堂课中,学生的主体地位基本缺失。教师占据课堂主导地位,学生完全按照老师的讲述来区分形近字。因此,在下一次实施时应以激发学生自主学习动机为主,以充分体现学生的学习主体地位。

学习时间:在本课堂中,学生仅仅在课堂上的识字板块进行形近字辨析。这种做法完全将课文和识字分隔开,学生对生字只知其一不知其二,更别提容易混淆的形近字辨析了。因此,在下一次实施时要将汉字的形、音、义三部分结合起来,使学生从字义和字源上区分形近字。

时间成本:随着学生的学习从被动到主动,用在识字方面的时间必然越来越多。作为教师，下一步要多提供相关书籍，鼓励学生拓展识字字源，养成从字源来识字的习惯。

（二）第二次实施

1. 实施准备

讲解字理，并非教师信口开河的过程。汉字学是科学，汉字的讲解必须是科学的，不科学地讲解，还不如不讲。要彻底区分形近字，作为教师要掌握一部分关于字理的内容和运用策略。因此，课题组老师以邹晓丽所著《基础汉字形义释源》为学习资料。此书按照《说文解字》的540个部首的意义，分为七大类、二十四个小类。汉字的部首大致可以分为以人体、器用、动物、植物、自然界、数字和干支字为内容的七大类部首，每一大类下又分为若干小类。以人体为内容的部首为例，共有197个，依次分为和形体相关的部首83个以及头、目、口、手、足六类。

2. 课堂教学片段记录

师：我们班还是有很大一部分同学写错"礼"字，究竟它是"衣"字旁还是"示"字旁？今天我们来好好辨一辨。同学们都有什么方法来区分这两个偏旁呢？（师板书）

生：我发现一个多一点，一个少一点。

师：嗯，你发现了它们在字形上的不同之处。那么，你们知道这两个偏旁分别是什么汉字演变过来的吗？

生：我知道，我知道，"衣"字旁是"衣"字变的，而"示"字旁是"示"字变的。

师：你是个会观察的孩子。那么，你知道"衣"字和"示"字的哪些笔画演变成了这两个偏旁吗？

生：我发现了，"衣"字的竖提变成了一竖，就是"衣"字旁了。"示"字的短横变点，两点没怎么变，只是竖提变成了一竖，就是"示"字旁了。

师：果然是有火眼金睛的孩子，太棒了。你们知道，"示"字旁在汉字中代表了什么意思吗？

生：是不是懂礼貌的意思？

师：勇敢的猜测。其实，"示"为"T"形，指的是祭祀所用的石制的供桌。请大家看这个甲骨文，左边为祖宗的牌位，右边为一个人跪着，表示古代的礼节。"示"字作偏旁的字形，大多与祭祀有关。你能举几个"示"字旁的字吗？

生：祝、福、祖、祠……

师：想一想，刚才这些字，是否都和我们去拜祖先有关系呢？这就是祭祀。而"衣"字作偏旁的字形，表示和衣物有关的事物。谁来举几个？

生：裤、袜……

师：看，这都和我们的穿着有关。现在，你们能区分这两个偏旁了吗？

生齐说：能！

3. 效果分析

通过实践，我们发现以偏旁部首为线索的字理教学不仅可以拓展学生的生字库，而且此识字方法还适用于区分容易混淆偏旁部首的生字学习。人教版一年级上学期生字是以象形字为主的独体字，编者在教材安排上也以图文结合的方式为学生创造了直观生动的文字世界。如"日、月、目、耳"等就配上甲骨文或者图画来对比教学。当孩子们发现每个笔画并不是一个符号，而是经过几千年才演变过来的，一定充满好奇。如"礼"的甲骨文，左边为祖宗的灵牌，右边为一个人跪着，表示古代的礼节。再引导学生发现有"礻"的字大多和祭拜祖宗或神灵有关，如：礼、祝、福。通过追源对比的字理分析，学生再不会把"礻"和"衤"混淆了。

经过在课堂中实施字理识字后，我们发现在一定程度上降低了生字因形而误的概率，并总结出字理识字的成效和意义：

（1）利于理解字形。低年级学生的认知以直观、形象为特点，擅长记忆直观、生动的材料，教师在讲解形象的字形时，若能够联系其代表的事物或展现甲骨文来进行简单的字理分析，将更有利于学生对生字的识记。人教版第三册《识字三》的"川""州"，学生很难理解出川和州是什么。若能给出"川"的甲骨文并告诉学生，这代表着左右是岸，中间是流水，正像河流形；而"州"的甲骨文是代表着河里的岛，居住的地方。通过简单的字理分析，学生对"州""川"二字的字形便了如指掌。

（2）利于理解字义。低年级学生的记忆多是靠联想提取的，就如上面的"州""川"二字通过溯源就提取了字义。再如"染"是会意字，"氵"表示染色用的液体，"九"是个虚数，表示要染好颜色需要很多次反复进行，"木"字表示染色来源于植物，通过简单的结构分析，学生就不容易写错"染"字了。

四、收获与反思

1. 掌握识字方法

识字是低年段教学的重点板块，初入学儿童多采用机械记忆的方法来识记生字，对词义不易理解。随着生活经验的日益丰富，学生对词语再提取的线索也相应增加。通过"5W2H"分析法，我意识到必须改变以教师主导课堂的现状，体现学生的自主学习地位。具体来说，渗透字理识字，学生学会了从字源来区分汉字，提高了学习兴趣。这改变了学生对生字只知其一不知其二的现状，能将汉字的形音义三部分结合起来，使学生从字义和字源上来区分形近字。

2. 改变识字态度

开始时学生极为被动的学习态度源于他们仅为完成作业这一动机，而我采用的字理识字方式充分调动了学生的识字兴趣，激发了学生主动识字、辨字的内因，从而改变他们功利的识字态度。因我打开了一扇字理识字的门，让学生初步了解了汉字丰厚的文化内涵，学生也开始主动通过阅读书籍来追溯字源，养成从字源来识字的习惯。

另外在日常教学中，仍有一些需要改进的地方：

一是作为教师，我所掌握的字理内容仍然不够系统。因此，需要进一步阅读相关书籍，做到科学讲授字理，切实提高学生的汉字修养。

二是在上课过程中，要更加合理地安排课堂节奏，确保识字板块的时间充裕，使学生真正掌握这一识字方法。

三是在课后学习中，要提供更多汉字方面的书籍，鼓励学生自主探索。

点评：

识字是低年级语文教学的重要任务，也是各种语文能力发展的基础。梁老师针对低年级学生在语文学习中存在比较严重的识字"回生"问题，围绕这一问题所涉及的教师、学生和家长三方面的因素，运用"5W2H"分析法比较清楚地厘定了识字教学的学习发展四层次目标，提出了变被动学习为主动学习，从单一识字走向音、形、义结合识字等教改措施，并在教学的二次跟踪·改进活动中进一步提炼了以溯源为识字教学效益新增长点的做法，有效地改善了学生的学习态度和教学效果，其整个做法也充分地展现了课堂教学微诊断对诊断方法精准的要求。

四、诊断成效求实

课堂微诊断抓住一个"实"字就出效果：诊断源于教学"实际"，放在教学活动中去"实践"，诊断活动要"真实"，诊断结果要"务实"。首先，课堂微诊断立足于当前课堂教学工作，针对课堂教学中遇到的盲点、热点、难点、疑点问题，诊断贴近学校、贴近教师、贴近教育教学实际。其次，诊断活动过程"真实"，源自于课堂教学实践的问题还在课堂教学实践中解决，课堂微诊断在教中诊、诊中教，诊断是教育教学实践的组成部分，不是游离于课堂教学实践之外的活动。再次，诊断结果"务实"，课堂微诊断成果的表述不同于其他诊断，强调在"诊得好"的基础上"写得好"。这些成果对教师来说，既实在也实用，教师用自己的语言叙述自己的实践过程，从自己的实践中提炼自己的经验，让自己的经验体现自己的特点。这样的表达方式不仅为诊断者积累了改进工作和后继诊断的经验，也便于同伴互通共享。

好的课堂微诊断一定是以此为基本操作的主轴线，既体现在诊断选择，也体现在方案设计、具体实施中。而不成功的微型诊断其中至少有一个地方"断线"。实际课堂微诊断过程中，有些教师在教育实践中也捕捉到一些有价值的问题，自己对这些问题又颇感兴趣，为进行诊断还做了不少准备，但在诊断的具体设计中,则有意无意地求精求深,希望最终实现较大和较高的诊断价值。若诊断的切口太大,而且过于专业化,诊断者很可能会"心有余而力不足"。倒不如从观察某一教学现象入手,从实践或操作的层面进行小切口的诊断,探索出优化影响、促进课堂教学发展的可行路径。

案例11 让笔下的动词活起来[①]

一、问题分析

在二年级上学期语文第二次阶段性综合练习的看图写话中,我发现了一个让我困惑的问题,这也是二年级学生在写作中普遍存在的问题。看图写话的题目为《过河》,它是连环四幅图,题目要求学生观察四个情景,并表达出谁在什么地方,在做什么。根据练习后反馈回来的信息,我了解到看似简单的写作要求,即把小白兔过河的经过写具体,对于刚升上二年级、词汇量还不够丰富的学生来说,有一定难度,尤其是在"做什么"这方面的表达非常薄弱。过河这一情景充满着人物的一系列动作,从过河的起因,到过河的经过和结果,都是动态的情景,宛若一幅幅动画。有些学生的表达基本上没有运用到一个动词,有些学生只运用了一两个动词,但用得不恰当,或不够准确生动,基本上看不到细节上的表达。我有点惊讶,因为一些动词词汇在课文中已经学习过,但学生仍然不会运用。当时我在想,是我要求过高吗?有些老师跟我说,学生能表达出是一件什么事就已经很不错了,还要关注细节的话,实在太难了。

学生的表达示例如下:

学生1:小白兔看见有一只白天鹅,高兴地叫:"鹅哥哥,可以帮我过河吗?"白天鹅帮小白兔过了河对岸。(分析:只用了"看见""叫""帮"三个没有表达力度的动词,基本上没有动作细节的描写,因为词汇的贫乏,不具体不形象,并忽略了对第三幅图的描写。)

[①] 本案例由广州市海珠区南边路小学刘碧颖提供。原文题目是《让笔下的动词活起来——二年级小学生写作疑难小问题"跟踪·改进"实例》,选用时略有编辑。

学生2：小白兔看见一只天鹅，紧张地说："你可不可以让我骑到对面呀？"天鹅说："可以呀！"兔子骑着天鹅过了对面去了。（分析：运用了"看见""说""骑着"三个动词，"骑着"一词较学生1表达得好，但观察不细致全面，基本上没有观察天鹅，从中可以看出孩子观察不细致不到位，所以造成其表达不具体。）

学生3：突然来了一只天鹅，小兔子高兴地迎了上去，小兔子说："天鹅，你能搭我过河吗？"小兔子就骑上天鹅背上，小兔子过了河。（分析：运用了"迎了上去""骑"两个动词，"迎"字在这里用得不恰当，小白兔看见河里游过来的天鹅，是无法迎上去的，只能向天鹅挥手呼喊，这里存在着用词的准确性问题，也反映学生缺乏生活的经验。）

学生4：这时从河里来了一只天鹅，小白兔高兴地跳了起来，大声说："能带我去对岸吗？"天鹅说："可以。"小白兔上了天鹅的背上。因为它怕掉进水里，就紧紧地抱住天鹅的脖子。（分析：显然，这学生比上面的三个学生都写得具体，观察稍微细致了一点，运用了"跳了起来""上了""抱住"三个动词，表达准确，但依然忽略了对天鹅的观察，故图三表达有所欠缺，存在着观察不全面的问题。）

纵观以上问题，我发现低年级学生观察直观事物比较敏感，尤其是静态的东西，例如事物的外形、颜色，还有人物的外貌和神态等容易观察得到，但对于动态事物的观察和想象容易疏忽，故动词的表达和运用有一定困难。还有词汇的积累与运用较少，阅读经验和生活经验贫乏，也直接影响写作。

二、拟定解决思路

要解决存在问题，必须加强观察方法的指导，有针对性地加强语言训练，尤其是对动词的积累和运用，并为学生拓展课外阅读的渠道，让他们在增长见识的同时积累更多的生活经验，以便在写作中准确运用词汇。因此解决思路如下：观察方法指导→语言训练（动词的积累和运用）→课外阅读，积累经验。

第四章 课堂微诊断的主轴线

三、诊断与改进过程

（一）第一次实施

1. 抓住契机，观察指导

就这篇看图写话，有针对性地进行观察方法的指导，这个过程采用半扶半放的教学手段，适合低年级学生的年龄特点和认知规律。我首先出示一篇"下水文"，指导学生观察图画，让学生知道从哪些方面去观察，例如对图中人物的观察，不但要观察人物的外貌、神态，还要观察人物的动作，想象人物的语言和心理活动。还指导学生如何做到观察细致和全面。然后让学生进行图文对照，细细体会文中所运用的动词，并通过换动词、换个说法的形式，激发学生想象和体会用词的准确性。过程如下：

（1）出示下水文："一天，阳光明媚，天上云儿飘飘。小白兔趁着好天气去郊外采蘑菇，可是被一条河挡住了去路，它摸着后脑勺一筹莫展，在想：我不会游泳，怎么过河呢？就在这个时候，看见一只天鹅游过来，小白兔高兴地跳了起来，向天鹅扬手大喊："天鹅姐姐，可以帮我过河吗？"天鹅说："当然可以。"于是天鹅很快地游到岸边，说："快上来吧，我载你过去。"小白兔高兴地坐在天鹅的背上，紧紧地搂住天鹅的脖子，天鹅背着小白兔游啊游，游啊游，终于游到了对岸。小白兔跟天鹅挥手道别："谢谢你，天鹅姐姐！"天鹅回过头来说："不客气，我们是好朋友，好朋友就要互相帮助。"

（2）让学生找出文中描写小白兔和天鹅的动作词语，图文对照，体会动词的准确性。

（3）用换动词的形式，让学生再次观察图画和展开想象，丰富语言表达。

例如："挥手"还可以换成什么词？除了"坐在天鹅的身上"还可以怎么说？"搂着天鹅的脖子"的"搂着"还可以怎么表达？一系列的动词，就从学生的口里说出来了：也可换成"扬手""骑着""抱着""抱紧"等等，这样，就丰富了学生的词汇。

（4）仿照老师写法，运用共同交流的词汇，进行再次写作。

（5）再次批改和评价。根据第二次写作的反馈信息，可见观察方法指导的必要性和实效性，仿写对于低年级学生语言文字的训练有一定的帮助，因而写作指导，老师有质量的下水文也起了一定的作用。第二次写作，学生能注重人物动作的观察和动词的运用，想象力和写作思路也拓宽了，但由于是半扶式的指导，存在着局限性，限制了学生语言的表达。因而，要提高学生语言表达能力，加强语言文字训练非常重要。

2. 加强语言文字训练，注重动词的积累和运用

动词用得贴切，能使文章生动、形象，充分展现人物的思想品质，能打动读者的心。在语言文字训练中，可以通过用不同形式的练习进行动词积累和运用。

（1）积累动宾结构的词语，准确运用动词。例如，（拍）皮球、（弹）钢琴、（拄）拐杖、（下）象棋、（荡）秋千等这类词汇的积累。

（2）用填空的方式应用动词。此练习是让学生根据语境准确运用动词。

例如：笋芽儿（扭动）着身子，一个劲儿地向上（钻）。

小红（伸了伸）懒腰，站起来，来到窗台边，（嗅了嗅）那盆玫瑰花。

（3）用造句的方式积累动词，理解动词。

例如："漂浮"和"飘扬"的运用，这两个词有一个同音字，学生容易混淆，通过造句的方式就能读懂这两个词的意思和用法。

（4）用看图写话的方式运用动词，描写生活中熟悉的场景，如课间十分钟、植树、做值日、做家务等。

例如，让学生练习描写课余活动，要求用上恰当的动词。

下课了，同学们来到操场活动，有的在（　），有的在（　），有的（　），还有的在（　）。

3. 从课外阅读中积累动词，丰富词汇

我有计划有目的地给学生介绍一些优秀文章或课外书籍让学生阅读，并提倡亲子阅读，鼓励学生与父母交流，讲故事，谈收获，并在阅读时，摘抄妙词佳句，且能灵活运用到作文中去，培养学生自觉积累词汇的良好习惯。

从指导后的《过河》写话，可以看出学生初步学会动词的运用和细节的描写。

第四章 课堂微诊断的主轴线

学生的《过河》看图写话：

> 过河
>
> 　　在一个阳光灿烂的中午，小白兔来到小河边。突然，小白兔看到河对面岸有一片青菜，它的口水都要流出来了。但是怎么过河呢？小兔子正在发愁。
>
> 　　突然，看到有一只天鹅向它游过来，小兔子挥挥手说："你可以帮我过河吗？"天鹅说："可以呀！你坐在我的背上，我背你过河去。"
>
> 　　天鹅游啊游，终于，顺利地游到河的对岸。
>
> 　　小白兔从天鹅背上下来，说："谢谢你帮我过河，天鹅，再见。"

指导后的《过河》看图写话：

> 过河
>
> 　　一天，天气晴朗，阳光灿烂。小兔去采萝卜，他走到河边，心想：如果有船就好了。
>
> 　　刚好天鹅游了过来，小兔兴奋地跳了起来。小兔对天鹅说："天鹅姐姐，你能送我过河吗？"天鹅说："当然可以。"
>
> 　　小兔慢慢地骑到了天鹅的身上，紧紧抱着天鹅的脖子。天鹅背着小兔游啊游，终于把小兔送到了河对岸。
>
> 　　小兔挥着手对天鹅说："谢谢你，天鹅姐姐！"天鹅转过头来说："不客气，我们是好朋友。"

4. 用"5W2H"分析（表4-4）

表4-4 "5W2H"分析

5W2H	层次1	层次2	层次3	层次4	结论
Who	教师和学生	教师对学生进行指导、训练、评价，学生进行学习实践	家长也是孩子课外阅读和写作的辅导者	亲子阅读	教师、家长、学生
When	利用写作指导课、课堂教学	写作指导课，可让学生掌握写作方法。课堂教学，通过读写结合，加强语言文字训练	课余时间	学生利用课余时间，多看课外书，多练笔，积累和运用语言	课堂和课余时间

93

续上表

5W2H	层次1	层次2	层次3	层次4	结论
Where	校内课室	课室是最佳的学习氛围	校外	课外阅读和积累	校内和校外相结合
Why	观察能力差，写作表达困难，尤其是动词运用薄弱，用词不准确，表达不具体，不清晰	学生欠缺观察方法和细致的观察。想象能力差，词汇贫乏，阅读经验和生活经验少	动词词汇的积累和运用少，因而影响对人物动作的观察和表达	低年级对动态事物的观察不敏感，想象力不够丰富	观察不细致，动词运用贫乏，不恰当，不具体，表达不生动
What	活用动词	让学生的观察和描写更注重细节，语言表达更有力度，描写的画面更有质感	在积累和运用动词的基础上，培养课外阅读兴趣	从课外阅读中积累生活经验，让词汇更丰富	灵活运用动词
How	1. 观察方法指导；2. 语言训练；3. 课外阅读，积累经验	首先加强观察方法的指导，利用下水文体会文章用词的准确，并与学生交流词汇，让学生用仿写的方法进行练笔，尝试如何准确运用动词。但在这一实施过程中，存在学生表达的局限性	要解决扶着学的局限性，就必须在平时的阅读教学中加强语言文字训练，尤其对动词的积累和运用。但课本上的积累还是不够的，学生生活经验差，故影响对动词的理解和准确运用	指导学生通过课外阅读增长见识，积累更多的生活经验，以便准确理解和运用动词。并拓宽看图写话和写观察日记的练笔渠道	准确运用动词，表达形象生动
How much	需要一个学年的跟踪、改进	从扶到放的过程，从积累到运用的过程，需要一学年时间的改进	或需要更长的时间	不断阅读，不断积累和运用	一个学年或更长的时间
程度		初见成效		有效	

第四章　课堂微诊断的主轴线

第一次实施后，同一个学生在第三、第四组综合练习的写作情况，与第二组综合练习写作情况对比如下。

第二组综合练习写话：

> 过　河
>
> 　　星期天，草地上有只兔子想过河玩。她看见一只天鹅，紧张地说："我可不可以骑你到对面呀？"天鹅说："可以啊。"兔子骑着天鹅过对面去。到了那里，兔子说："谢谢你！"天鹅也说："不用谢。"

第三组综合练习写话：

> 梅花鹿和金丝猴想到什么好办法摘到果子呢？请你想一想写一写。
>
> 　　他们想了想办法。突然，金丝猴想到了办法。金丝猴坐在梅花鹿上，梅花鹿跳过去对岸，金丝猴就爬上了树，摘果子，这就大功告成。

第四组综合练习写话：

> 一只麻雀受伤了，从树上掉了下来，一边扑着翅膀，一边"叽叽叽"痛苦地叫着……当你面对这只受伤的麻雀，你会怎么想？又会怎么做呢？请你用几句话写下来。
>
> 　　一天，我看见一只麻雀受伤了，从树上掉下来，一边扑着翅膀，一边"叽叽叽"。我心里很难受。心想：它太可怜了，我必须帮它治好。于是，我帮麻雀包扎伤口，慢慢地，麻雀好起来了，在我身上飞来飞去，我的心情又好起来了。

5．效果分析

从这位同学写作练习过程中，可以看到学生在不断地进步，运用动词的意识和能力加强了，但从第三篇也可看出表达仍不具体，看出其生活经验的不足。

（二）第二次实施

针对第一次实施中存在的问题，我在第二次实施过程中多从课外阅读积累和看图写话、观察日记练笔入手，让学生积累动词，运用动词。

在写作教学过程中注重学生语言的丰富和积累，我认为让学生学会观察生活，迅速提高作文水平，养成运用语言的良好习惯，行之有效的方法莫过于写观察日记。我们用半学期时间，组织学生自选主题写观察日记。

第二次实施后的学生作文情况如下。

> 　　下课了，小朋友们在操场活动，有的在跳绳，有的打乒乓球，还有的踢毽子。他们玩得真高兴啊。

> 　　12月4日　星期五　阴
> 　　今天我们班的小刚不舒服，难受地吐了，小云对小刚说："小刚，你怎么了？"小刚说："我刚才不舒服，所以就吐了。"小云急忙跑去储藏室拿出扫帚和垃圾铲，走进课室清理垃圾。小飞看到了，说："你需要我帮忙吗？"小云说："好的，谢谢！"他们扫呀扫，终于扫干净了。
> 　　今天，让我明白了，要向小云和小飞学习，我们要乐于助人。

> 　　12月1日　星期一　晴
> 　　我最怕打针，因为打针的时候很疼。医生先把药水抽进针筒，再把药水擦擦打针的地方，突然间打下去。
> 　　过了一会儿，医生就把针拔出来，我心情突然间放松了。其实也没什么，只要不害怕，所有事情都能克服，勇敢面对。

> 　　　　　　　　　看图写话
> 　　一天，天气真晴朗，一朵朵白云在蓝天上飘着。老师带同学们去动物园游览，同学们迫不及待地去猴子山看小猴子。同学们站在围栏边看猴子，猴子真可爱，有的在开心地荡秋千，有的大口大口地吃香蕉，还有的在安静地看风景。同学们真高兴。

第四章 课堂微诊断的主轴线

> 过 河
>
> 　　早上，阳光明媚，小兔和小猴想过河去摘桃子吃。但是，他们俩都不会游泳，小猴想出了一个办法，他和小兔去扛一根木头，小兔说："要木头干什么？"小猴说："等一会儿你就知道。"
>
> 　　他们把木头放在河里，木头浮在水面上。小猴得意地说："坐上去，我们就能过河了！"
>
> 　　他们开心地坐在木头上，高高兴兴地过河去摘桃子。

四、反思与收获

两轮"跟踪·改进"的实践后研究成效初现，首先学生有了写作的兴趣，词汇也丰富了很多，观察能抓住特点，动词的运用也日渐灵活生动起来，写作也学会抓住细节。但仍存在着用词不恰当现象，这与学生生活经验不足，对词语理解不透，运用和练笔较少等原因有关。这方面需要继续加强。

词汇贫乏，是语文能力的致命伤。从小学低年级开始就应该注意在阅读教学中多让学生积累语言来提高学生的语文素养。通过读中积累、背中积累、学中积累、用中积累、课外阅读中积累等不同方式的积累，为低年级学生开辟语言积累途径，丰富学生语言积累的方法，从而提高写作能力。

点评：

描写乏力是写作教学中的一个老大难问题，具体落实到二年级，刘老师敏锐地发现了其所教学生不善于使用动词使表达准确、具体，这成为她所遇到的真真切切的教学疑难问题。刘老师主要从课堂上观察方法指导、动词实践训练等方面着手，如观察方法上不但要观察外貌和神态，还要观察动作，想象心理活动、语言；动词实践训练方面从词组填空，到句子填空，再到写话填空……刘老师还对有关活动的成效定期考察、反思，这一教中诊、诊中教，教、诊交替循环的系列化措施为问题的有效解决奠定了基础。

第五章 课堂微诊断的专业视角

课堂教学是一个师生共同完成的活动,其过程具有一定的变化性和复杂性。课堂微诊断作为一种方法或教育问题解决研究范式,是一个复杂的循环系统,但从诊断主体和诊断内容来看,可以大约分为4大视角12个视点(图5-1)。

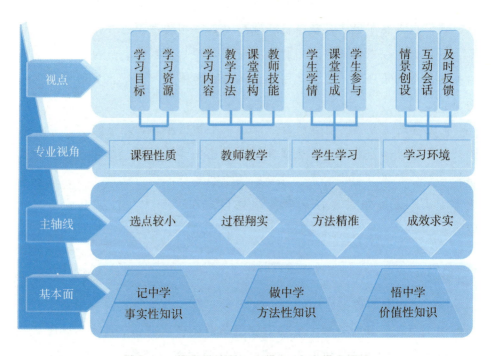

图5-1 课堂微诊断4大视角12个视点框架

一、诊断课程性质

"诊断课程性质"这一视角主要包括两个视点,即学习目标的合理定位和学习资源的建设。

1. 诊断学习目标的定位

学习目标是指预期的学生学习的结果,具有导学、导教、导测评的功能。在课堂微诊断中,预设的学习目标是什么,根据什么(课程标准、学生、教材或其他)预设的,是否符合该班学生,学习目标的表达是否规范和清晰,学习目标是否凸显了本学科的特点、思想、核心素养及关键能力,这些都可以成为我们诊断的关注点。

案例 12　给习作开份"分项体检表"①

习作评价是作文教学过程中一个极其重要的环节,是对学生作文实践中的成功经验和存在问题进行科学的分析、归纳、评定,对习作教学具有导向、激励、强化等意义。有效的评价能帮助师生掌握习作教学的实施情况,了解本次习作的优缺点,根据反馈信息修订计划,调整教与学的行为,从而达到教学的目标,为以后的写作活动提供有益的借鉴。

一、问题分析

一直以来,我们的作文评价都沿用传统的"总分+评语"的方法。"老师忙,学生闲,分数评语瞟一眼,作文立刻丢一边"的现象经常可见。仔细分析,这种评价方式的不足之处主要有以下4点:

(1)总评式等级评价只是给出一个总体的评分,未能根据习作教学的重点反映出学生在某一个方面(如选材、表达等)的表现,针对性不强,导教功能不明显。

(2)在综合性等级评价中,写作水平处于中等偏下的学生遣词造句、

---

① 本案例由广州市海珠区瑞宝小学邓丹玫提供,选用时略有编辑。

布局谋篇等能力比较弱,难以取得优良的总评成绩,久而久之,偏低的评分会直接挫伤他们习作的积极性。

(3)教师评语具有一定的促学功能,但每次都进行面面俱到的评价,写起来有模式化的问题。

(4)传统的评价方式所需时间很长,教师至少需要花上2至3天的时间撰写评语,评价结果反馈不及时。

可见,"总分+评语"的方式高耗低效,收效甚微。如何改革评价方式,提高习作评价的有效性,并将教师从繁重的批改任务中解救出来?这个问题引发了我的思考。

二、拟定思路设想

从2010年开始,海珠区教育发展中心开展了三次较大范围的学生习作情况调查,每次调查均采用《广州市义务教育阶段语文学科学业质量评价标准》中各学期的习作评价量表为评价工具,并依据调研的具体情况做了修改(见表5-1)。

表5-1 海珠区语文科五年级期末综合练习习作部分评价量表

语言(35%)	组织(20%)	展开(35%)	书写规范(5%)	创意(5%)
1. 语句通顺; 2. 正确使用标点符号表情达意	1. 能按要求描写一个人的特点; 2. 内容完整,分段表述,段与段之间衔接清楚	1. 内容具体,抓住细节表现人物特点; 2. 人物描写方法运用得当,为中心服务; 3. 情感真实	书写规范,版面整洁	选材、布局、表达等某方面有新意

受此启发,我萌生了运用评价量表为学生的习作进行"分项体检"的想法。针对传统习作评价的弊病,从改革习作评估手段入手,采用适合学生心理特征和习作特点的"分项多元评价"方式,提高习作教学的质量。设想如下(见图5-2)。

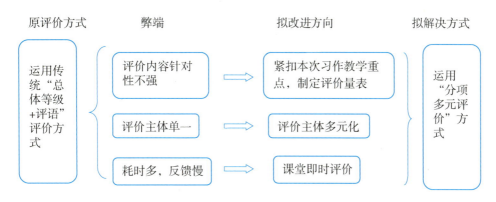

图5-2 "改进习作评价方式,以评促写"思路

关于"分项多元评价"方式的实施设想,初步打算分为三步走,即课前设计评价表格、课中开展多元评价、课后进行数据分析(见图5-3)。

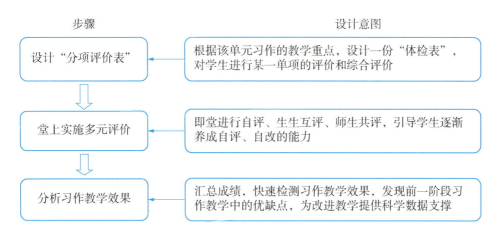

图5-3 "分项多元评价"方式实施设想

三、实施与改进过程

为了检测"分项多元评价"的可操作性和实效性,我以人教版六年级上册第五单元习作《我的小伙伴》作为教学内容,选取了习作水平比较接近的六年(1)班和六年(2)班两个平行班作为实验对象,开展了一系列的实践活动,并进行了跟踪调查。

（一）第一阶段实施过程

第一次实践在六年（1）班进行。在开课前，我认真分析了本单元的教学内容，把写作指导重点定为"取法于课文，学习素材选择"，据此设计了一个评价表，重点评价学生在"素材选择"这个方面的表现，并在作文分项评价表格中设置自评、互评和师评栏（见表5-2）。

表5-2 《我的小伙伴》习作分项评价表（初稿）

【评价表格】

姓名：	素材选择	总评
我评自己		
同学评我		
老师评我		

习作课上，当学生完成初稿后，我就展示了这个分项评价表，让他们根据这个表格为习作进行"体检"。孩子们表现得非常积极主动，先是认真地读自己的文章，给自己打分，接着小组内交换互评，每一个同学都参与到习作评价中来。

通过分项评价，学生清楚地了解到自己是否达到了本次习作的重点训练目标——学会选材。如果没有达到A级，就在这方面进行修改，做到"一写一得"。与此同时，分项评价使孩子有更多的机会获得A级。将"素材选择"这个子项独立起来，写作水平中等偏下的孩子只要事件选得好，就能得到A级了。

但是，很快发现存在以下问题：各个同学的评价标准并不一致，同一篇文章，有的同学评了A级，有的同学评B级……以至于有的小组出现了因为对方评价等级与自己的评分不相符而发生争执的情况。而且进行等级评价后，许多学生也不懂怎样提出改进意见。问题出在哪里了呢？

（二）科学分析，找准改进方向

通过第一次的教学实践，我感觉"分项多元评价"是可行的，但是仍有改进的空间。怎样才能进一步完善这种评价方式，提高效能呢？我尝试采用"5W2H"分析法进行问题分析（见表5-3）。

表5-3 "5W2H"分析

5W2H	层次1	层次2	层次3	层次4	结论
Who	学生本人、同学、老师	动用了课堂上可动用的全部人员，实现评价主体多元化：自我评价，自我提升；同伴互评，互学互促；教师评价，引导提升	无	无	学生本人、同学、老师
When	习作课上	及时评价，及时反馈，及时修改	无	无	即堂评价
Where	课室	在课室内能轻松完成自评与互评	无	无	课室
Why	评价关注"一课一得"，引入多元评价机制	写作教学是一个螺旋上升的过程，每次写作应重点关注一个方面的训练提升，而非面面俱到。分项多元评价更快速检测教学效果，让学生有更多的机会获得成功	无	无	分项多元评价，提高习作评价的有效性，以评促改
What	以"习作分项多元评价表"为评价工具开展有效习作评价	提升习作评价的效能，拓宽评价主体范围，提高评价针对性，使其更加简便高效	无	无	以"习作分项多元评价表"为评价工具

续上表

5W2H	层次1	层次2	层次3	层次4	结论
How	设计"分项多元评价表",实施多元评价	设计评价表格,指引学生开展自评、互评和教师评价	在设计评价表格时,应罗列"评价细则",实施多元评价	将评价细则罗列出来,学生才能明确评价的标准,清楚怎样写才算好,以此来判断自己或同伴的习作的优劣,并明晰修改方向	设计评价表格,罗列"评价细则"
How much	5～10分钟即堂评价交流	堂上快速检测习作效果	无	无	5～10分钟

分析结果显示,习作评价在"怎样做"这方面还有待改进,于是,我参考了《广州市义务教育阶段语文学科学业质量评价标准》中有关习作评价的相关内容,进一步修改习作评价策略,将原来的三步走改为四步走(见图5-4)。

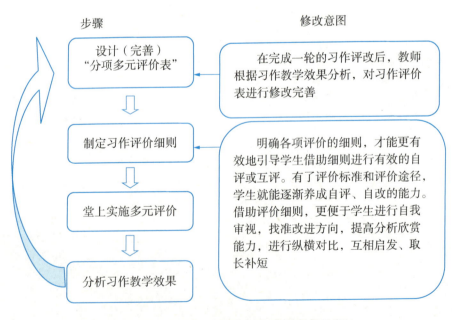

图5-4 "分项多元评价"方式设想修改版

（三）第二阶段实施过程

我在原有的习作评价表的基础上加以完善，制定出详细的等级评价细则（见表5-4），然后在六年（2）班进行了第二次实践。

表5-4 《我的小伙伴》习作分项评价表（修改稿）

【评价表格】

姓名：	素材选择	总评
我评自己		
同学评我		
老师评我		

【评分细则】
选择素材：

A（含A+）：能选择两个事例（有关联更佳）来表现人物特点，事例之间相互关联，详略得当，能突出鲜明的人物特点。两个事例可表现不同的特点，也可表现同一方面的特点。

B（含B+）：能选择一两个事例来表现人物特点，事例较普通，人物特点鲜明。

C（含C+）：能选择一两个事例来表现人物特点，事例较普通，人物特点不明显。

这一次，我欣喜地发现，在"评分细则"的引领下，学生都能较好地把握评价标准，自评和互评都更加准确到位。接着，我汇总了全班47位同学各方面的表现与成绩，分析教学效果（见图5-5）。

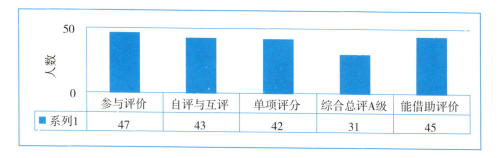

图5-5 《我的小伙伴》习作分项多元评价使用效果

由图5-5可见，运用"分项多元评价"能大大提高习作评价的参与面和实效性，能让更多的学生主动参与到评价和修改之中来，并感受到成功的喜悦。

四、反思与收获

实践证明，习作分项多元评价能及时快速地帮助学生与教师掌握习作教学的实施情况，了解本次习作的优缺点，明确努力方向；教师和学生可以根据反馈信息修改教与学的计划，调整教学的行为。运用"单项"或"分项""习作评价量表"来进行习作评价，更为科学、公正，也更有助于师生发现习作教与学的优点与不足，为优化习作教学提供有力的科学数据。

1. 根据教学重点，设计"分项评价表"

小学阶段每一次习作的训练点都不尽相同，学生的写作能力的培养也应是一个累积叠加并螺旋上升的过程。我们不能寄望在一次习作中，指导学生掌握所有写作技巧。因此，有效的习作应该追求"一写一得"。要检测学生是否有"一得"，最简单快捷的方式就是有针对性地对这一子项的表现进行评价。教师可以根据之前确定的该单元习作教学重点，对学生进行某一（两）个单项的评价和综合评价，为每一次的习作量身设计一份"体检表"。"分项体检表"中最少包含一个单项和一个综合成绩，这样就给学生作文评价增加了一把"尺子"。能让学生有更多的机会品尝成功的滋味，更有助于学生树立起写作的信心。

2. 拓宽评价主体，实施多元评价

《语文课程标准》指出，"实施评价，应注意将教师的评价、学生的自我评价与学生间的相互评价相结合"。习作评价可引入自评、生生互评、小组评等方式，开展多元习作体检，让学生参与到作文评改中来，成为学习的主人，既锻炼了学生的思维能力、培养了评改能力，又减轻了教师的负担。

3. 罗列"评价细则"，给予评价抓手

《语文课程标准》指出，在习作评价的过程中，教师既不能越俎代庖，也不能袖手旁观，而应该"引导学生在自我修改和相互修改的过程中提高写作能力"，即培养学生自评自改和互评互改的习惯，提高评改作文的能力。教师可根据实际教学要点，制定各项评价的细则。细则编写得越详细，就越便于学生操作。评价提供细则能让学生有"章"可循、有"法"可依，逐步养成自评、自改的习惯。

4. 汇总评价成绩，分析教学效果

教师要重视对评价结果的运用。如，本次确立的指导重点是"组织结构"，本次在该项得 A 级的学生占全班的 93%，就证明教学指导效果较好。若得 A 的人数只占 55%，则教师就要思考习作指导是否有需要修改完善的地方，并要考虑补救措施。

可见，在完成评价之后，教师把各个学生的成绩进行汇总，便能快速检测出习作教学效果，反馈的信息具有很强的针对性，为改进教学提供科学的数据支撑。

点评：

习作评价是小学语文作文教学中的一个重要环节，但传统的"总分 + 评语"的评价方式并不能很有效地起到导向、激励和强化的效果。邓老师在自己的教学中不断思考与实践，根据学生的心理特点和写作教学的重点，设计"习作分项评价表"引导学生自评互评，并采用"5W2H"分析法对"习作分项评价表"的应用过程进行科学的分析，进一步完善评价表。此项举措突出了每一次写作的训练重点，拓宽了习作评价的主体，细化了习作评价的标准，从而在一定程度上解决了传统习作评价的针对性不强、评价主体单一和评价标准模糊的问题，提高了习作评价的有效性。

2. 诊断学习资源的建设

学习资源是指在教学系统和学习系统所创建的学习环境中，学习者在学习过程中可以利用的一切显现的或潜隐的条件。在课堂微诊断中，预设了哪些学习资源（文本、实物与模型、实验或其他）？这些资源是否有助于学习目标的达成？教材作为学生最重要的学习资源，是如何处理的？是否合理？学习过程中生成了哪些资源，或者是否向学生推送进一步学习的资源？这些都可以成为我们诊断的关注点。例如，高级知识学习要"通过大量反复的案例分析和实际问题解决活动，来把握在同一案例中各知识之间关系的复杂性与在不同案例中同一知识的意义和用法的差异性，从而达到灵活应用知识、推导新知识、广泛迁移知识的目的"。① 在课堂微诊断中，是否提供实际问题的实例或案例？这些实例或案例是否有典型性？是否有助于在问题解决过程中逐渐掌握知识，提高运用知识解决问题的能力？这些都是我们需要考虑的问题。

案例13 数学"解决问题"中的信息提取②

一、问题分析

《义务教育数学课程标准（2011版）》指出，义务教育阶段的数学课程能使学生掌握必备的基础知识和技能，培养学生的思维和能力，促进学生在情感态度与价值观等方面的发展。"解决问题"是评价学生是否在数学学习的过程中形成良好的数学素养，并综合运用有关的知识与方法解决实际问题的重要标准。因此，数学"解决问题"的教学一直是数学教师重点研究的课题，同时也是数学教学中"难啃又不得不啃的骨头"。

波利亚在《怎样解题》一书中指出，问题的解决大致可分为以下四个阶段：①理解题目；②拟订方案；③执行方案；④回顾。根据《义务教育数学课程标准（2011版）》修订后的人教版数学教材，解决问题的教学也大致按照波利亚提出的四个阶段进行，并将拟订方案和执行方案合并成同一阶段。一、二年级的解决问题三个步骤分别以问题的形式提出："你知道了什么？""怎样解答？""解答正确吗？"。而中高年级的解决问题三个步骤则改为：阅读与理解，分析与解答，回顾与反思。

其中，阅读与理解这一解决问题的首要步骤，是教师在数学教学过程中最难评价学生是否真正认清问题的，也是学生在独立完成一道解决问题时最容易马虎的一个步骤。笔者作为一个"初出茅庐"的数学教师，为学

---

① 刘儒德. 一种新建构主义——认知灵活性理论［J］. 心理科学，1999（4）.
② 本案例由广州市海珠区南边路小学简韵珊提供。原文题目是《跟踪·改进如何提高学生阅读与理解数学问题能力的实例》，选用时略有编辑。

生审题马虎这一毛病"头痛"了许久。下面以人教版《数学四年级下册》的三道解决问题为例,阐述笔者在培养学生阅题习惯的过程中遇到的瓶颈。

例1 这个游泳池长50m,小明每次都游7个来回。小明每次游多少米?学生在审题的过程中容易忽略条件或者问题中的关键词,例如"来回"二字,在解答过程中就容易错算成"7×50"。因此,提高学生将文字条件转化为数学条件的能力是十分必要的。

例2 李强比张英跳得高0.15m,肖红比李强跳得低0.09m。问肖红跳过了多少米?学生在审题时若没能正确地建立条件与问题的联系,会导致解决问题的过程中运用错误的解决策略。

例3 每箱冰棍30根,3元一根。8箱冰棍4天全卖完了。杨叔叔平均每天卖出多少根冰棍?杨叔叔4天卖了多少钱?由于题目的条件比较多,需要学生在阅读题目的过程中,有针对性地筛选有用的条件。在解决第二个问题时,只需要共卖出的箱数和每箱的根数,但学生在筛选信息的过程中,容易认为4天也是有用的条件,容易错算成"4×8×30"。根据数学问题筛选有用的数学信息,在解答阅读与理解题目的过程中尤为关键。

二、拟定解决思路

随着学生升入高年级,题目的难度有所提高。题目中出现的数学信息更多,条件与问题之间的联系更加复杂,对问题有用的数学信息要更加有针对性。

苏联数学教育家奥加涅相对于理解问题这一阶段给出了以下建议:①开始研究问题时,应当自己做出直观的图形或表格,以帮助自己思考问题;②清晰地理解问题的各个元素;③思考问题叙述中的每个词,找出重要元素,在图上用直观的符号标出已知元素和未知元素;④结合已有的知识经验,找出问题的特点;⑤问题的条件中有没有多余的,是否还缺少什么条件;⑥认真研究问题提出的目标;⑦在解题时尽可能使用自己熟悉的数学方法。

笔者认为,奥加涅相提出的七点建议能有针对性地解决中高年级学生

"阅读与理解"出现的一系列问题。"咬文嚼字"地分析问题中的重要元素,并将其转化为一般的数学语言,能减少学生对于"隐藏条件"的忽视。将数学信息转化为图形或表格,能够帮助学生清晰地梳理数学信息,以及建立信息与信息、信息与问题间的联系。结合建立的信息表格和要研究的问题,筛选有用的数学信息,去掉多余的,并找出还缺少的条件。

根据奥加涅相对于理解问题提出的七点建议,结合学生的实际情况,针对中高年级解决问题中"阅读与理解"的三个疑难小问题,笔者拟定了解决思路,如图5-6所示。

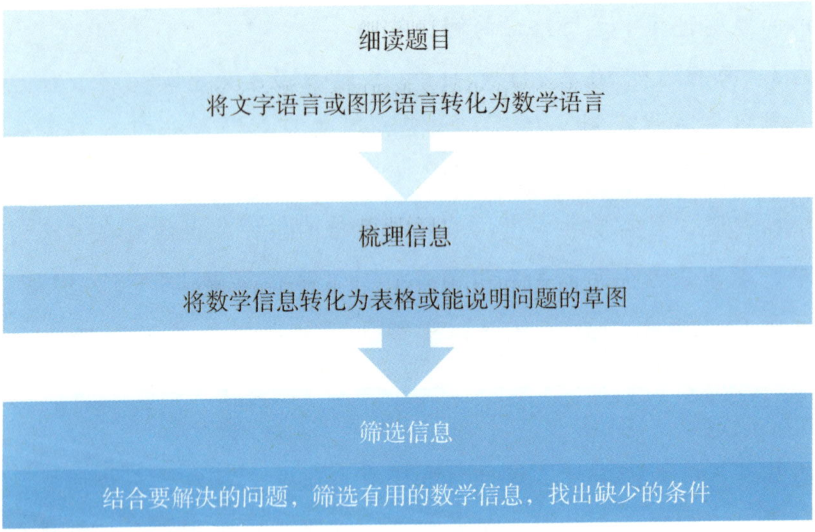

```
细读题目
将文字语言或图形语言转化为数学语言
         ↓
梳理信息
将数学信息转化为表格或能说明问题的草图
         ↓
筛选信息
结合要解决的问题,筛选有用的数学信息,找出缺少的条件
```

图5-6　解题思路

三、实施与改进过程

笔者将以人教版《数学五年级上册》第一单元小数乘法的例8进行第一次实施。完成第一次实施后,采用"5W2H分析法"的七个维度进行评判,明确需要改进的小维度。针对需要改进的维度,再以人教版《数学五年级上册》第一单元小数乘法的例9进行第二次实施。

（一）第一次实施

（人教版《数学五年级上册》第一单元小数乘法例8）　妈妈带100

元去超市购物。她买了 2 袋大米，每袋 30.6 元；还买了 0.8kg 肉，每千克 26.5 元。剩下的钱还够买一盒 10 元的鸡蛋吗？够买一盒 20 元的吗？

（1）细读题目。

师："妈妈去超市购物，请同学们仔细读题，看看妈妈需要购买哪些商品，都要购买多少呢？"

由学生举手发言说出数学信息，但是数学信息比较多且乱。

师："从题中你们知道了这么多数学信息，怎样整理这些信息可以令我们一目了然地看明白？请同学们再读一次题目，想一想整理这些信息的好办法。"

（2）梳理信息。

生："用列表格的方法整理信息。"

学生自主列出表格整理数学信息，教师巡堂指导。95%的同学能够按提议整理好表格（见表 5-5），剩下的同学通过教师提醒能够将表格补充完整。

表 5-5 购物信息

项目	单价/元	数量	总价
大米	30.6	2 袋	
肉	26.5	0.8kg	
鸡蛋（1）	10	1 盒	
鸡蛋（2）	20	1 盒	

（3）筛选信息。

师："解决'剩下的钱还可购买一盒 10 元的鸡蛋吗？'这一问题，需要用到表格中的哪些数学信息呢？"

生："需要用到大米、肉和单价是 10 元的鸡蛋的全部信息。"

师："为什么单价是 20 元的鸡蛋的数学信息不需要用上呢？"

生："这是第二个问题的条件。"

由于学生对于题目的理解比较透彻，对已知条件和问题分析得十分清晰，因此，在分析与解答、回顾与反思两个步骤上的课堂教学都能顺利推

进,并取得比较好的效果。课堂练习有针对性地设计了两道与例8类似的问题。其中一道题目需要学生将图中的"两箱香蕉"转化为数学语言。有了例8用表格梳理信息的经验后,90%以上的学生能在理解题意的同时准确地梳理题目的信息。另一道题则需要学生根据已知条件中的数学信息,画出长方形和正方形的草图。由于例8的教学只运用了列表格的策略,因此学生在阅读与理解本题时未能想到用画草图的策略将文字语言转化为数学语言。

根据第一次课堂实施的情况,结合"5W2H"分析法7个维度、4个层次进行评判(表5-6),笔者认为应该在第二次实施时改进以下两方面:在课堂实施前,应该布置学生对本节课需要重点解决的问题进行预习,并观察实际生活中与要解决的问题类似的情况是如何解决的;在阅读与理解题目的过程中,要培养学生数据分析的观念,让学生养成良好的解决数学问题的习惯。

表5-6 "5W2H"分析

5W2H	层次1	层次2	层次3	层次4	结论
Who	五年级学生	有一定的知识经验,解决问题难度较高。中年级到高年级转换,对于解决问题的阅读与理解有更高的要求	没有		五年级第一学期学生
When	五年级第一学期学期初	高年级对于解决问题的阅读与理解有更高的要求	没有		五年级第一学期学期初
Where	课堂中	课堂教学能面向全部学生,便于评价实施效果	没有		解决问题的教学课堂中

续上表

5W2H	层次1	层次2	层次3	层次4	结论
Why	学生在解决问题的阅读与理解上完成得不够理想	学生挖掘数学信息和梳理信息的能力较差，未能建立条件和问题的联系	学生的数学学习的审题习惯不好	学生在审题时容易出现定势思维	增加培养学生的审题习惯
What	解决问题的阅读与理解的研究	阅读与理解的步骤完成不理想，直接导致分析与理解问题出现问题	学生对于解决问题的策略的选择	解决问题就是综合运用数学思想与方法	增加在阅读与理解的数学思想和方法上的研究
How	课堂实施	奥加涅相对于理解题目的七个建议	没有		课堂实施
How much	花费课堂上分析题目的时间用于阅读与梳理题目	阅读与理解题目需要花费一定的时间	课前预习的时间	可以提前思考理解题目的策略	增加布置学生课前预习
程度	低→高				

（二）第二次实施

（人教版《数学五年级上册》第一单元小数乘法例9）　出租车收费标准为：3km以内7元；超过3km，每千米1.5元（不足1km按1km计算）。

在课堂教学前，教师提前布置学生完成预习作业：①观察日常生活中出租车是怎样收费的，与例9的收费标准有哪些不同点？②认真阅读与理解例9的题目，尝试用列表的方法梳理出租车的收费标准。

（1）细读题目。学生十分乐于利用课余时间观察本市出租车收费的实际情况，在课堂上十分踊跃地发言。

生："我市的出租车2.5km以内10元；超过2.5km，每千米2.6元。与例9的收费标准不同。"

师:"是的,我们今天研究的,就是像出租车收费这样的分段收费的解决问题。请全班同学读一读例9中出租车的收费标准吧。"

生齐读题目。

师:"请问你们如何理解'不足1km按1km计算'这句话呢?"

生:"如果走了6.9km也要按照7km去收费。"

师:"如果走了5.1km呢?"

生:"要按照6km收费。"

(2)梳理信息。

师:"你们是如何用列表格的方法梳理出本题中数学信息的?让这些数学信息令我们一目了然。"

学生展示了以下两种列表的方法(见表5-7、表5-8)。

表5-7 出租车收费标准(一)

里程	收费标准/km
3km以内	7元
超过3km (不足1km按1km计算)	1.5元

表5-8 出租车收费标准(二)

行驶的里程/km	1	2	3	4	5	6	7	8	9	…
出租车车费/元	7	7	7	8.5	10	11.5	13	14.5	16	…

(3)筛选信息。

师:"在梳理完数学信息后,你知道了6.3km应付多少元了吗?"

生:"6.3km应按7km来算,应付13元。"

在课堂上,再次通过两道变式的练习,让学生体验用列表梳理数学信息对解决分段收费问题的好处。

四、反思与收获

虽然笔者研究的只是解决问题范畴的一个小问题,但每个小问题都能产生深远的影响，甚至会影响学生数学知识结构的构建和数学学习习惯的养成。及时通过教学实施、分析、跟踪、改进，能帮助教师逐个突破这些疑难小问题。

通过改进前后的两次实施，学生在解决问题时对阅读与理解这一步骤更加重视，解决问题的教学进度能更顺利地推进。例8、例9是两道难度较大的题目，但由于在分析与解答问题前花了一定的时间阅读与理解题意，学生已突破了解决该问题的教学难点。学生在阅读与理解问题的过程中，逐渐形成数据分析的观念。解决问题的数学思想方法的培养，数学学习习惯的养成要循序渐进，并非通过一两次解决问题的课堂教学就能够养成的。

如何提高学生在解决问题时的阅读与理解能力？有以下五点体会：

（1）阅读要解决的问题时，联系生活中的实践经验，能提高问题解决的兴趣，更易于理解复杂的问题。

（2）善于挖掘文字信息和图片信息，将关键的信息转化为数学语言。

（3）解决信息较多的问题时，用列表或画草图等方法梳理数学信息，能更清晰地理解题意，更容易建立已知条件和要解决的问题之间的联系。

（4）根据要解决的问题提炼有用的数学信息，剔除多余的条件，发现未知的条件，为分析与解答问题提供充足的准备。

（5）在解决问题的过程中养成良好的审题习惯，无论是否熟悉题目都要仔细读题，并养成数据分析的能力。

点评：

数学解决问题的能力是评价学生是否在数学学习过程中形成良好的数学素养，是否能综合运用有关知识与方法解决实际问题的重要标准。因此，"解决问题"的教学一直是小学数学教学中的重点和难点。简老师紧紧抓住"解决问题"的关键环节——数学信息的提取，采用"5W2H"分析法，对学生在数学信息的提取中出现的问题进行诊断，采取细读题目、梳理信息、筛选信息的思路，引导学生学会运用列表和画草图的方法提取有效解决数学问题的数据，为学生顺利解决数学问题提供思路，在一定程度上分解了这一教学难点,为其他教师的"解决问题"教学提供了有益的参考。

二、诊断教师教学

课堂微诊断的对象之一就是教师的"教","诊断教师教学"这一视角主要是围绕教学组织过程来展开的,它主要包括教学设计、实施和评价三维中四个视点,即教学内容、教学方法、课堂结构、教学技能的诊断。

1. 诊断学生学习内容

诊断学生学习内容是否科学严谨,是否围绕着"问题"和教学目标展开,内容是否与预设的课时教学目标吻合,是否在课堂中基本学习环节逐一落实到位。

案例 14　基于目标达成的教学内容选择[①]

【问题分析】

英语课程标准(2011年版)解读中提到,"教材与实际教学需求之间肯定还存在或多或少的差距。所以,教师要充分认识到教材的局限性,不能盲目崇拜教材。在实际教学中,教师应根据教学的需要,合理、有效地选择和使用教材"。在新授课中,"词—句—篇"往往是我们教学的固有模式,为了追求其完整性,我们总会把课文情境的学习设计到教学目标中。然而,无论单词句型等知识量多少,必定要在最后呈现课文并学习。这样,没有经过整合的内容,对重点难点预设不足,显然只会使原来有效的教学策略变成必要执行的任务。

【解决思路】

有预设的思考,有明确的目标,有成效的实施,有深层次的反思,

---

① 本案例由广州市海珠区赤沙小学程惠君提供。原文题目是《基于目标达成对教学内容的有效选择》,选用时略有编辑。

有目标性的再实践,能让我们不断地更新观念,改进教学行为,避免走进教学误区。更有利于我们发现问题,找出解决问题的方法,提高成效(图5-7)。

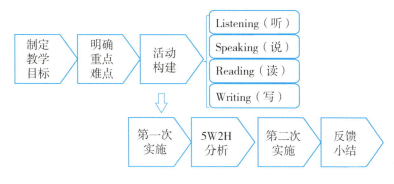

图5-7 解决思路

【实施与改进过程】

下面我以科教版英语四年级上册"Unit5 *Let me show you our new school*"进行说明。

一、制定教学目标

1. 知识目标

(1) 能够听、说、认、读单词短语19个:our,classroom,library,pool,swimming pool,opposite,playground,music,teachers'room,art,hall,dining hall,sometimes,PE,lesson,have lessons,work,gym,eat。

(2) 能熟练运用句子:Let's me show you our…

　　　　　　　　　　Where is your classroom? It's …

　　　　　　　　　　Is there…? Yes,there is.

(3) 能流利朗读课文。

2. 技能目标

能用opposite,behind,in front of,next to等方位介词描述学校场室所在的位置。

3. 情感与态度目标

（1）激发学生学习自信心；（2）培养学生对自己学校的热爱之情。

方位介词、场室中的个别单词和祈使句的使用在一、二、三年级均有涉及，有鉴于此，在新授课中，为了让学生能在"词—句—篇"的主线下顺利地呈现出课文，我选择学习课文所涉及的新单词16个、句型3组。这样既可以利用前面相关知识进行滚动学习，也能流利朗读课文。

二、明确重点难点

重点难点：①学会单词的正解认读；②理解句型并活学活用。

突破教学重点难点，明确在教学中哪些知识学生必须理解、掌握，哪些知识学生难以理解、容易出错，以帮助学生化难为易，收到促进发展的效果。此课程信息量大且学生对刚学的知识也只能停留在短暂的记忆中，为了让他们可以更好地巩固、记忆单词，学习后我把"炸弹游戏"和肢体语言融入课堂教学中，采用TPR、竞猜游戏等途径激发学生的学习兴趣。待学生初步记忆单词后，再融入学校真实的情境当中，进而延伸至课文对话的学习。这样"词不离句，句不离篇"的教学方法有助于学生不至于在实际对话中脱节，而创设生活情景更能促进学生用英语做事的能力。

三、活动构建

英语学习活动的目的是通过组织各种教学活动调动学生学习动机，巩固学习成果。英语课程标准中提到，"听、说、读、写既是学习的内容，又是学习的手段。语言技能标准以学生在某个级别'能做什么'为主要内容，这不仅有利于调动学生的学习积极性，促进学生语言运用能力的提高，也有利于科学、合理地评价学生的学习结果"。教学设计的重点则应放在培养学生运用英语的能力上。通过创设情景，指导学生参与有效的学习活动，使学生语言能力通过听、说、读、写习得。

经过第一次实施后，我发现大部分学生对所学的新单词未能很好地掌握，甚至对部分单词不能准确发音，更不用说能流利朗读课文并运用到实际当中了。为了找出问题所在，我使用"5W2H"分析法对存在的问题进行以下的分析。

"5W2H"分析法又叫七何分析法，它源自美国政治家拉斯维尔在

《传播在社会中的结构与功能》提出的"5W2H"模式。它由五个首字母为 W 和两个首字母为 H 的英文单词组成,分别是 Who(是谁),When(什么时候),Where(什么地点),Why(什么原因),What(什么事情),How(如何做),How much(达到什么程度)。下面通过用这七个方面提出问题并进行思考,寻找解决问题的思路和方法。如图 5-8 所示。

图 5-8 "5W2H"模式

任何教学都应以学生为本,在了解学生的基础上吃透教材,掌握本课前后关联信息,再确定学习内容、学习环节,设计情境,才能降低难度,提高学习效率。

1. Who(学生)

学生是学习的主体、目标设计的主体,任何教学活动都离不开学生,脱离学生的任何设计都没有意义,那么,了解无疑是教学的第一步。对于四年级学生来说,要在一节课掌握 16 个新单词、3 个新句型并能流利地读出课文,难度是非常大的。

2. What(教材内容)

立足学情,教师应该在每一次新授课前对所教模块的内容进行梳理,了解学生掌握相关知识的广度、深度,把他们已学、要学、能学和难学的内容编织成一条紊而不乱的绳索,让学生能轻易地沿着这条思路线,一步一步向前走。如这次课中,虽然只学 1 个方位词、3 个重点句和 18 个新单词(其中 11 个场室类),看似简单,可内容就涉及三年级的方位介词和句型 Is there…,二年级的场室,以及下一单元准备学的 Lesson。怎样才能使教学更加实效,取决于选择什么内容。

3. Why（确定学习内容）

为什么要这样选？如果在一节课中信息量过大，知识点过多，学生吃不消就难以接受；反之，信息量过小，知识点过少，学生吃不饱，不利于激发学生的学习兴趣，提高运用能力。因此，要抓住重点和难点，在内容上有所取舍，确定把什么选进本课教学中，才有实效性。结合之前的Who和What后，可以根据学生英语基础知识的强弱和综合运用的能力，对教学内容进行选择，以教学目标的达成为标准进行筛选，才能使学生学得更为高效。如本课中要学习的新知识和复习的旧知识都相当多，在第一次教学后发现学生并不能兼顾，与其两面都做不好，倒不如舍弃新课文的呈现，让学生有充分的时间进行操练，为以后的学习做好铺垫。

4. Where & When（何时何处合理分配）

短短的40分钟课时，满满的教学内容，知识点在课堂哪里呈现，何时讲授，用多少时间进行教学，对维持学生学习兴趣尤为重要。因而在充分地了解学生、理解教材和选择教学内容的基础上精心设计每个教学环节，对各个教学环节的时间分配进行合理地安排，可以提高我们的课堂效率。如在第一次教学的实施中，因单词量大，故从第一个环节到第五个环节都有不少的新单词呈现，单词学习了将近半小时。可由于新单词学习时间过长，学生对所学的新知识未能在预设的环节中重现并循环操练，以致在第六环节课文学习中，学生对新学单词和课文并不能正确、流利地朗读。

5. How（怎样呈现）

老师用各种教学手段向学生呈现知识，呈现的方式多种多样，但使用不同的呈现方法就会产生不一样的教学效果。设计有效的呈现方法，便能促使英语学习活动顺利开展；反之，学生没有学习兴趣，教学就"形同虚设"。因此，我在第二次实施时，学习新单词时设计单词巩固环节，以多种方式提供学生重现知识的机会；熟悉学校场室，最好地呈现自己的学校，让学生在熟悉的情境中内化学习内容。然后再展示其他学校，以便发展学生实际运用能力。这样既能维持学生的兴趣，也能为他们提供更宽广的锻炼平台，激活原有的语言知识的库存。

6. How much（学习效果）

课前预测，课中诊断，课后反馈。要判断学生学习效果如何，需要对教学进行评价。教学评价是教学过程中必不可少的一个环节，它主要是对学生学习效果的评价和教师教学工作过程的评价。要求关注新授课前预期学生的接受能力，课堂上即时的学习状态，课后学生的反映，并进行梳理和总结。在第一次教学实施时，由于一味追求完成预设目标而忽略实际，以致他们学习并不扎实，更谈不上灵活运用了，所设计的听、说、读、写也只能流于形式。通过对教与学的评价，发现问题，就能及时调整改进方案。

四、改进并第二次实施

1. 调整教学内容，扎实学好单词，删除呈现课文

英语单词是英语构成的基本元素，只有扎实学好单词，才有可能进行对话。与其学得泛而浅，还不如学得精而深，所以我把呈现课文留至第二课时，这样既可以节省时间，又能把学生学习的精力放在对单词的掌握上。于是我把原来涉及课文的单词去掉，剩下 11 个完成对话必要学的词组，尽量在课程的第二环节就把要学的单词全部呈现，这样就能够把这些对学生来说既熟悉又陌生的词语设计成多个活动进行巩固。由于为学生建起了强而有力的"围墙"，最后学生并没有因为内容被筛选删减而降低效果，相反是更稳更扎实了。

2. 巧用有效内容，降低教学难度

知识量减少了，并不表示教学内容较少。如何更合理地利用这些资源，却是我们要考虑的问题。既然学会了学校场室的所有单词和句型，不如把书本第 28 页第一题 Listen and number 作为对前面所学知识的一个反馈。让学生完成听力后，口头说说里面每个场室的位置，进一步描述自己学校的场室，为以后学生的写打好扎实的基础。每一节课里，给学生提供有听有说、能读也能写的机会，久而久之他们就会越学越轻松了。

【反思与收获】

"知识与技能""过程与方法""情感态度与价值观"三个维度的教学目标，指引我们的教学要考虑学生在该课程中的学习内容及程度，要学习

发展哪些能力，培养哪些情感。需要老师根据课程目标和具体的教学内容来确定详细的教学目标以便选择教学内容和确定教学效果。教学内容决定的是教什么和学什么。没有经过凝练的教学内容，会使老师为了教授知识而教，学生为了学习知识而学，而原来的目标就只能成为必要的任务了。反之，凝练过的教学内容，合理搭配的教学手段，有助于提高教学效果。

通过"5W2H"分析法从七个纬度进行剖析，我发现，"制定教学目标"考虑欠缺，忽视了知识量对学生产生的学习障碍，最终导致学生对单词无法准确发音，课文也不能流利朗读。在重新制定"知识目标"的第二次实施中，学生从层层阻碍中解脱出来，学习后单词依然能牢牢记住，句型也能灵活运用，而且对学校任一个场室都能脱口而出，学生学得更加自信（表5-9）。只要我们对教学考虑得更加周全、完善，那么我们课堂结构就会更合理、更科学，学生必然得到更大、更宽的发展空间。

表5-9 两次实施前后对比

	第一次实施	第二次实施
教学内容	单词16个，句型3组，并运用在自己的学校，学习朗读课文	单词11个，句型3组，运用在自己的学校，拓展到对自己学校的描述
学习单词长达时间	25分钟	15分钟
单词巩固环节	3个	5个
语言训练	听、说、读	听、说、读、写
情境学习	2个（自己学校、课文背景）	1个（自己学校）
学生课堂表现	回答问题的学生不多，在运用到句子和情境中要不断纠正单词发音	回答很积极，单词朗朗上口，在描述自己学校时也能脱口而出
学生课后反馈	个别单词总是忘记	喜欢谈论自己学校的场室，并用英语大胆地向新来的实习老师介绍
学生情感	不够自信	自信满满

点评：

一直以来都倡导教师们要"用教材"，而不是"教教材"。因为教材是固定的，但使用教材的教师和学生是不同的。程老师在小学英语教学中深刻体会到一成不变地按照教材中的每一课内容去教授，是欲速而不达的。她采用"5W2H"分析法，对第一次教学实施过程进行诊断后，根据本班学生的实际英语水平和家庭教育背景，对原有的教学内容进行了适当的调整：减少单词的数量，降低教学难度，贴近学生生活，增加听、说、读、写的时间。这提高了小学英语课堂教学的效率，更好地达成了符合学生最近发展的学习目标。

2. 诊断教学方法

诊断教学方法是否多样化，是否能调动学生主动参与的积极性，激发学生的求知欲。例如，按照建构主义学习观，初级的学科知识是由事实、概念、原理和规律组成，彼此之间存在着严密的逻辑关系和层次结构，其教学方式主要是接受、理解和记忆。

案例15 聚焦细节式图解人物赏析[①]

一、问题分析

儿童在自我绘画中通过观察、表现、表达这一建构的过程，是儿童把环境中多种多样的元素整合成一个有意义的整体的复杂过程。在选择、解释和改造这些元素的过程中，儿童呈现给我们的不仅仅是一幅图画，而且还是儿童自己认知的世界。在美术教学中，学生个体的认识和思维隐藏在他们所创作的图像中，不同个性的学生表现形式各不相同，表现了他们对世界的认知，以及对技能技法的掌握，是他们内心情感的体现。因此可见学生在作画过程中表达出的重要信息和凸显的问题，皆有着教师应该发掘

[①] 本案例由广州市宝玉直小学王静提供。原文题目是《聚焦细节，图解人物——二年级美术写实人物表现技法教学实例观察跟踪改进》，选用时略有编辑。

和重视的研究价值。

　　自由创作的空间无限，表现人物动态以及形象特点是有迹可循、有法可依的，原来由于认知以及年龄心理所限的较为随意的创作方法需要教师理性的引导。因低年段学生具有偏好主观经验、重视整体感受的特点，通过观察人物各自不同的动态外形等，传达所要表现的人物身份、性格、心境等等信息，成为我们教学引导的"疑难杂症"。面对教师对人体结构细节特点的讲解以及示范，对世界名画的生动写实的人物描绘进行普通的呈图展示教学，学生获取的信息知识表现在学会艺术评论、进行自我意识创作再现上，效果是不大的。法国教育家卢梭说过，在教育中要"把孩子看成孩子"，"在他们心灵还没有具备种种能力以前，不应当让他们运用他们的心灵，因为它还处在蒙昧的状态时，你给它一个火炬，它也是看不见的"。呈图的方式改变，进而有针对性的观察方式引导，对学生继续探索学习绘画的积极性，自信自如地深入进行表现技巧上的学习，表达认知，是我们美术教师在教学中应该重视和改进的。

　　如岭南版二年级下册《画家眼中的儿童》一课，学习目标在技能上体现为能用简短的语言描述画家笔下中外儿童不同的写实造型特点，在《广州市义务教育阶段学科学业质量评价标准》中，本课的评价要点定为"表达感受，掌握美术术语'写实'"，要求学生注意表现出对象的特征、动态和生活环境，能根据自己的感受画出熟悉的人物和生活。而往往图像以及现实人物景象等呈现在他们眼前时，信息量关注点异常地丰富复杂，学生无法依靠已有的经验有针对性地快速选择获取有用的信息，导致简单意义上的"看"，实际上是毫无意义的"观察"。我们发现在临摹或者再造时，学生笔下人物的造型中原来幼儿时期的简笔画如"火柴人""圆柱人"等人物形象的原有概念便会重复，在进行表达欣赏感受时，更是无从下手。

　　如何避免忽略形体结构、细节特点等美术要素信息的"惯性"，引导学生关注图中描绘的内容？如何引导学生理性地从幼儿时期的涂鸦绘画逐渐过渡到写实的角度，关注艺术形象，审视形象，比照对象，强化视觉判断、视觉理解，对人物的"写实"造型特点有全新的深入的认识？

二、拟定解决思路

要解决这一问题，教师首先要根据儿童观察事物的突出特点，大量去掉非特征性的枝节，从大体上保持住特征，抓准、放大、凸显特征，确定从细节到整体的观察方法。其次分析图像信息的可利用价值，强化有益的关键信息，灵活机动地选择不同的呈现方式引导学生读取艺术形象。结合本人研究课题，我提出采用"聚焦图构"观察法，按照教学中的重点难点，寻找需要学生关注的部分，遮蔽其他干扰学生认读的信息，保留、呈现、强化部分图像。

三、诊断与改进过程

在第一阶段的教学中我尝试采用放大呈现课文图像，聚焦细节的方法。①分解放大名画局部。如选取丰子恺漫画《脚踏车》，放大儿童头部，观察五官、发型、表情；选取《小庭婴戏图》中宋代儿童，放大服饰，让学生了解古代儿童特有的装束。②请学生模特做动作示范，用卡纸遮挡其他部位，聚焦重要细节，分局部观察、刻画人物特征。③添加创造想像的服饰和道具、场景，完成一幅反映儿童生活的画作。④学会根据观察要点，评论自己或名家的画作。在教师进行有针对性的呈图，屏蔽了大量干扰学生观看的无用信息后，学生对突出的细节特征关注程度较之前高，这样能有效帮助学生观察重要信息，形成聚焦重点的观察习惯，对画面深入刻画有较好的教学效果（见图5-9、表5-10）。

在第一次实施教学后，从学生的学情反馈看，教学效果良好，表现为学生整体上学习兴趣增强，参与度提高。教师教学呈图方式的改变，以及有效指导学生关注图像中人物的外形、动态、服饰等特点，不但能让学生观察形态各异的儿童，还能让学生通过对人物动态、外形等特征的口头描述表达感受。从作品上看，学生摆脱了浅表的观察方式，突破了僵化简单的表现技法，但由于低年级儿童在技能技法上的限制，对于"写实"这一教学目的的表现还不够凸显，仍然流露出较为拘谨、幼稚的用笔痕迹。为了让教学思路更加条理化，杜绝进一步实验的盲目性，笔者在教学中引入"5W2H"思维分析法，结合跟踪教学、改进策略等方面，综合运用于课堂教学中（见表5-11）。

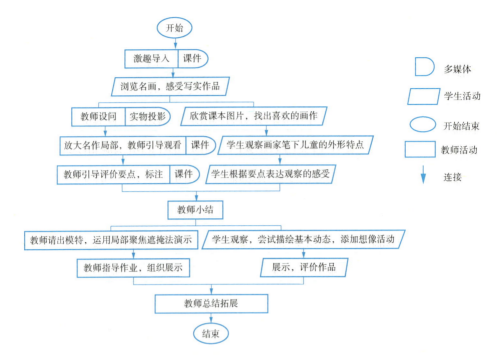

图5-9 教学思路

表5-10 第一阶段教学情况

观察点	图解人物的方式	练习生成	学情反馈
儿童写实形象的造型特点：外形、服饰、动作、表情等	1. 局部放大 2. 整体观察		观察方式的改变引发学生关注人物特征，在表现过程中有意识地抓住人物动态，进行各种不同儿童活动的描绘

第五章 课堂微诊断的专业视角

表5-11 "5W2H"分析

5W2H	层次1	评判	改进的小维度
Who	二年级学生	有初步表现人物技法的能力和表达感受的能力	无
When	新课授课的第一课时	初步解决了观察浅表、人物简单僵化的表现等问题	尝试深化第二课时的教学
Where	本校美术室	多媒体和场室有利于呈现图像（课件和模特展示）	无
Why	面对名作名画的生动写实的人物描绘，仅仅是教师指导欣赏观看，单纯地临摹名画，或者写生，再进阶到自我意识创作再现上，学生获取的信息表现出来的效果不大。因此要改变读图、呈图的方式，对图像进行分解重构	分解名画放大局部，遮挡聚焦细节，屏蔽干扰观看的信息后，学生关注程度较之前高，帮助学生观察重要信息，刻画深入。教学实施后，还是存在着表现人物动态僵化的情况	进一步思考原因：继续改进呈图方式
What	如何运用合适的读图呈图方式，有效引导学生关注图中描绘的内容，通过描绘人物各自不同的动态外形等美术语言，传达所要表现的人物的身份、性格、心境等信息	改变了呈图方式，放大名画，观察画中人物五官、衣着、动态等。请同学作为模特，用卡纸遮挡，聚焦局部，引导学生关注细节，刻画人物，均起到了较好的效果。学生摆脱了浅表的观察方式，能较为生动地表现形态各异、不同身份的人物，但是还存在着技法不成熟、落笔拘谨、对表现动态认识模糊的情况	进一步改进方法：写实技法上加强引导。分解图像之后强化轮廓线条，动态线条的演示
How	1. 聚焦细节，重现呈现方式 2. 分解图像	学生摆脱了浅表的观察方式，突破了僵化简单的表现技法，但由于受低年级儿童技能技法上的限制，对于"写实"这一教学目的的表现还不够凸显，仍然流露出较为拘谨、幼稚的用笔痕迹	在原有的呈图基础上添加轮廓线、动态线，帮助学生摆脱僵硬拘谨的线条，学习快速专注地描绘动态线的方式，更轻松地掌握人物的描绘方法
How much	无（卡纸、课件）	无特殊费用，教学材料方便快捷，实用性高	无

从"5W2H"各个维度反复验证、推敲、分析后,考虑问题的疏漏,开始在进行第二阶段的创新教学思维的过程中,继续深化完善教学过程。

在第二阶段的教学改进预设中,学生还存在技法不成熟、落笔拘谨、人物僵化、特征不够突出等现象,主要原因是低年段学生对表现动态的方法认识模糊,理解不到位,影响下笔。因此,教师通过移植名画家笔下的儿童画像以及同学模特的图像呈现出PPT图像,在原有的放大、聚焦的呈图基础上,添加正面像、侧面像明确清晰的轮廓线、动态线,帮助学生分局部理解把握人体在动态情况下不同角度的简单呈现,摆脱僵硬拘谨的下笔心态,在教师限定的练习写生时限内,学习快速专注地分步描绘动态线的方式,更轻松地、游刃有余地掌握人物接近写实的描绘方法(见表5-12)。

表5-12 第二阶段教学情况

观察点	图解人物的方式	练习生成	学情反馈
动态线	聚焦细节,分解图像,并提取动态线,强化视觉,用课件呈现		抓住特征,掌握方法,表现趋向于写实。观察细致,关注细节,抓住特征

四、反思与收获

通过对二年级美术写实人物表现技法的教学实例进行两个递进式阶段的观察、跟踪、改进，本人在教学理念以及教学策略改进上有以下几点收获：①摆脱传统的呈图展示教学方式，寻求有效的聚焦解图的方式，有重点地逐步引导学生确定观察点。通过全新的呈图解图的方式，满足学生探索从涂鸦阶段过渡到写实风格的创作，当建立了表现技法上的概念后，同步地会满足学生对他人、自我、名画作品评价的需求，从而使其更加自信积极地参与到学习过程中来。②从建构主义者的角度看，教师为学生现有的技能技法知识中建立新的观点和建构新知识提供了十分必要的支持框架，为学生提供了个性化的讲授，会在学生已知的范围内寻找更加有效的策略，并且为学生提供支持，为学生自己发现改进提供帮助。通过两个递进教学阶段的跟踪改进，再次证明了构建新的知识都必须基于先前的知识基础上，教师应当重视先前知识具有的促进教学反馈的作用。③课堂观察的起点和归宿都是指向学生课堂学习的改善。教师教学行为的改进应该以学生课堂的有效学习为抓手，围绕着学生课堂学习的改善，观察学生活动，注重有效的生成。

成效表现如下：①知识与技能。通过局部的观察，学生能够快速地下笔捕捉动态外形特点，使笔下的线条自然，形成大胆、直率、朴实的风格，大胆地表达主观感受，自然地从涂鸦儿童期阶段过渡到写实风格的创作。②情感态度和价值观。学生从完美写实的要求中解脱出来，放下了"力求真实还原"的创作思想包袱，认可自己个性的创作，乐于探索，积极参与，轻松表现画面，增强作画的信心，迈入更高的作画阶段。③过程和方法。学会抓住事物重点、特点来确定不同的观察方法，通过聚焦细节的观察，掌握分步描绘人物的方法。了解写实主义的灵活多样性，从自己的作品中，回应课文中的经典名画，感受艺术家各种类型的典型以及非典型的写实主义作品，接受并理解画面人物形象、精神和个性（见图5–10）。

图 5-10　学生各种艺术形式的人物作品《我眼中的儿童》

点评：

艺术创作的空间是无限的，但用画笔表现人物动态和形象特点却是有规可循、有法可依的。王老师在美术教学中，为了引导学生从幼儿时期的涂鸦绘画逐渐过渡到人物写实，采用"5W2H"分析法，对"聚焦细节，图解人物"的教学过程实施进行诊断、改进，进一步优化了二年级美术写实人物表现技法课堂教学。从而在教学中突出观察重点，屏蔽无关信息，增加人物轮廓线、动态线的简图，帮助学生轻松下笔。通过教学方法的改进，提高了小学美术课堂教学的质量。

3. 诊断课堂结构

课堂结构是指课堂教学活动内部各组成阶段或组成环节之间有机联系或相互作用的方式或顺序，也指课堂教学活动的展开和进行的时间流程或逻辑历程。例如，诊断课堂导入到课堂结尾各个教学环节的时间分配、教学层次的安排、各个教学环节的过渡等。

案例16 课外多米诺骨牌实验助推数学归纳法课堂教学[1]

一、问题分析

数学归纳法是数学中一种独特的证明方法，它用来解决求数列通项公式、数列求和、二项式定理、整除等问题。由于其高度的抽象性和严谨性而成为高中数学教学的难点之一。如何抓住重点，突破难点，就成为每一位高中数学老师值得去思考的问题。

二、拟定解决思路

多米诺骨牌（domino）是一种用木制、骨制或塑料制成的长方形骨牌。玩时将骨牌按一定间距排列成行，轻轻碰倒第一枚骨牌，其余的骨牌就会产生连锁反应，依次倒下。其原理是只要某一个骨牌倒了，与其相邻的下一个骨牌也要倒下，那么你就可以推断所有的的骨牌都将要倒下（见图5-11）。

图5-11 多米诺骨牌实验效果

三、诊断与改进过程

（一）第一次实施过程

1. 创设问题情境，激发学生兴趣

利用多米诺骨牌实验助推数学归纳法教学思路，如图5-12所示。如

---

[1] 本案例由广州市第九十七中学陈燕熔提供。原文题目是《借助多米诺骨牌实验突破数学归纳法的教学难点》，选用时略有编辑。

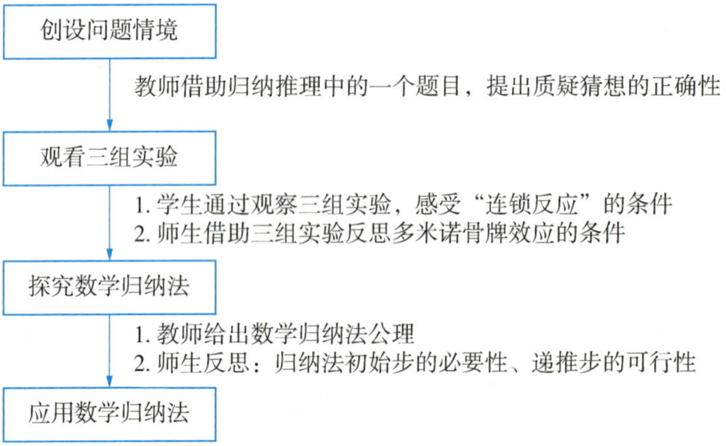

```
创设问题情境
    │
    ▼   教师借助归纳推理中的一个题目,提出质疑猜想的正确性
观看三组实验
    │
    ▼   1. 学生通过观察三组实验,感受"连锁反应"的条件
        2. 师生借助三组实验反思多米诺骨牌效应的条件
探究数学归纳法
    │
    ▼   1. 教师给出数学归纳法公理
        2. 师生反思:归纳法初始步的必要性、递推步的可行性
应用数学归纳法
```

图 5−12　多米诺骨牌实验助推数学归纳法教学思路

对于数列 $\{a_n\}$,已知 $a_1 = 1$,$a_{n+1} = \dfrac{a_n}{1 + a_n}$($n \in \mathbf{N}$),通过对 $n = 1$,2,3,4 前 4 项的归纳,猜想出其通项公式 $a_n = \dfrac{1}{n}$,但没有进一步的检验和证明。

(1) 你能肯定这个结论成立吗?为什么?

(2) 如果对第 5 项、第 6 项、第 7 项继续验证,那情况会怎样?如果 $a_{100} = \dfrac{1}{100}$,那么是否有 $a_{101} = \dfrac{1}{101}$?

(3) 你能证明这个猜想成立吗?你是否认为上面的验证过程可以无限地进行下去?如果可以,你能否用更一般的形式来表示?或者,更一般地,我们能否把这个无限的问题转化为有限的问题加以解决呢?

2. "多米诺骨牌实验"的教学设计

实验一　如图 5−13 所示,课件展示动画,教师用手推倒第 1 块骨牌,然后第 2 块骨牌、第 3 块骨牌……紧跟着全部倒下,实验成功。

图 5−13　骨牌成功被推倒效果

实验二　如图5-14所示，课件展示动画，在该实验中，骨牌的间距和实验1相同，老师用手推第1块骨牌，没有推倒，自然第2块骨牌、第3块骨牌……也就没有倒下，实验失败。

图5-14　骨牌没有被推倒效果

实验三　如图5-15所示，课件展示动画，在该实验中，骨牌的间距出现分化，将其中两块骨牌的间距拉开足够大，而其他间距保持不变。老师用手推倒第1块骨牌，还是没有全部倒下，实验失败。

图5-15　骨牌部分被推倒效果

师生反思：让所有的多米诺骨牌全部倒下，必须具备什么条件？

条件一：第一张骨牌倒下。

条件二：任意相邻的两张骨牌，前一张倒下一定导致后一张倒下。

3. 归纳出数学归纳法并应用于解题

一般地，证明一个与正整数（$k \in \mathbf{N}$，$k \geq n_0$）有关的命题，可按下列步骤进行：

（1）（归纳奠基）证明当 $n = k+1$ 取第一个值 n_0（$n_0 \in \mathbf{N}$）时命题成立。

（2）（归纳递推）假设 $n = k$（$k \geq n_0$，$k \in \mathbf{N}$）时命题成立，证明当 $n = k+1$ 时，命题也成立。

只要完成以上两个步骤,就可以判定命题对从 n_0 开始的所有正整数 n 都成立,上述方法叫做数学归纳法。

(二)运用"5W2H"分析(见表 5-13)

表 5-13 "5W2H"分析

5W2H	层次 1	层次 2	层次 3	层次 4	结论
Who	①任教班级全体学生;②任教本班数学老师	任教老师了解学情,能有效针对任教班级进行问题突破	按照本班已有的合作学习小组开展课外探究活动和课堂展示	以小组为单位开展课堂和课外探究活动可以达到事半功倍的效果	探究性活动更适合以小组为单位来开展
When	高二下学期课堂上课时间(人教 A 版选修 2-2 第二章第 3 节)	进入该部分知识的学习,知识生成和解题训练都安排在课堂上	在上课前增加一次课外合作探究活动(多米诺骨牌实验)	借助游戏,让学生通过合作探究感受"连锁反应"的条件,有利于数学归纳法的教学	高二下学期课堂上课时间和课外活动时间结合
Where	课室	学生上课地点	学生课外活动场室	为合作学习小组提供课外探究活动的场室	课堂内外相结合
Why	数学归纳法是高中数学教学的一个重点,同时也是难点	数学归纳法因其应用的广泛性成为高中数学的重点,但对高二学生而言,该方法又由于其高度的抽象性、思维的独特性而成为教学的难点	无	无	突破数学归纳法的教学难点,可以使学生在考虑递推推理时思维更加地严谨
What	借助 PPT 呈现三组不同的实验	通过实验引发学生不同角度的思考、探究	借助已有的小组合作模式开展课外探究活动——多米诺骨牌实验	讲十遍不如亲手操作一遍	开展课外合作探究活动——多米诺骨牌

134

续上表

5W2H	层次1	层次2	层次3	层次4	结论
How	实验呈现类比推理训练强化	①多角度呈现，形象、直观；②实现从现象到本质的推理过程；③及时巩固，加深理解	探究实验法	提供机会让学生亲手操作多米诺骨牌实验，有利于数学归纳法这一知识的生成	数学实验更有利于新知识的形成
How much	0元	无	100元	购置10套多米诺骨牌，供10个学习小组做实验	100元

（三）第二次实施过程

基于本班原有的合作学习小组的分组，设计数学课外多米诺骨牌实验探究活动，表5-14是其中一个学习小组的活动记录。

表5-14　学习小组活动记录

探究活动：多米诺骨牌实验		
小组名称：	小组组长：	活动时间：2015.3.26
活动记录	成功的例子	不成功的例子
实验的图片		
分析成功或者不成功的原因	建立多米诺骨牌系统时要足够仔细，要考虑每块骨牌的推倒方向和每块骨牌之间的距离	前一块骨牌倒下，没有推倒后一块骨牌
由此得出多米诺骨牌实验成功的条件	1. 第一个骨牌被推倒；2. 上一个骨牌能够推倒下一个骨牌	
本实验对数学学习的启示	在数学证明中，如果命题是关于正整数n的时候，是不是也可以借鉴多米诺骨牌的原理呢？	

在探究活动的基础上，本人在上课时实现了两个层次的转化。

一是将探究活动（游戏）转化为关于正整数的命题（如表5-15所示）。

表5-15 探究活动（游戏）转化记录

多米诺骨牌游戏原理	a_n的通项公式 $a_n = \dfrac{1}{n}$	关于正整数n的命题
（1）第一块骨牌倒下（起始条件）；	（1）当$n=1$时，$a_1=1$能成立；	（1）证明$n=1$时命题成立；
（2）若前一块倒下时，则相邻的后一块也倒下（递推条件）	（2）若$a_k=\dfrac{1}{k}$，则$a_{k+1}=\dfrac{1}{k+1}$	（2）若$n=k$（$k\in\mathbf{N}$）时命题成立，则$n=k+1$时命题成立
根据（1）和（2）可知，不论有多少块骨牌，都能全部倒下	根据（1）和（2）可知，对任意的正整数n，猜想都成立	据（1）和（2）可知，对任意的正整数n命题都成立

二是将游戏转化为具体的数学问题，引导学生通过解决具体的数学问题，进一步体验数学归纳法的思想，如下例所示。

例1. 用数学归纳法证明：$1^2+2^2+3^2+\cdots+n^2=\dfrac{n(n+1)(2n+1)}{6}$

例2. 已知数列$\dfrac{1}{1\times4}$，$\dfrac{1}{4\times7}$，$\dfrac{1}{7\times10}$，…，$\dfrac{1}{(3n-2)(3n+1)}$，…，设S_n为数列前n项之和，计算S_1，S_2，S_3，S_4。根据计算结果，猜想S_n的表达式，并用数学归纳法进行证明。

四、反思与收获

针对学生有可能因为数学归纳法的抽象性和严谨性造成理解上的困难这一疑难问题，我采用课前开展合作探究多米诺骨牌实验与课堂教学相结合的方式，清晰地反映了生活问题→数学问题→数学形式的轨迹。如此，学生对于抽象难懂的数学归纳法的理解就直观多了，也能体会到归纳法的内涵所在，这也使我们的教学更有效果。另一方面，开展数学课外合作探究活动，有利于激发学生的学习兴趣，引导学生主动学习；有利于提高学生合作交流能力，发展学生的个性与创新精神。

由于科组配备的教学资源有限，很多课外实验活动无法开展，导致我们的课堂只能是现象的呈现或者是纯理论的讲解而缺乏"实践—探究—猜想—证明"的过程。另外,也有部分老师墨守成规,认为开展实验活动太麻烦而不愿意去尝试,导致学生错失了很多实践的机会。

点评:

抽象且严谨的数学归纳法是教学难点之一。陈老师在数学归纳法教学中,通过学生课外的多米诺骨牌实验,在实践中"自悟",同时将其作为课堂教学问题情境,并一步一步演变成数学问题,让学生层层体验数学归纳的学科思想,提高教学效率。

4. 诊断教学技能

包括诊断教师的教学应变能力和驾驭课堂的能力,诊断教师引导、启发学生思考探究的能力,诊断教师的教学态度,诊断教师板书怎样呈现,诊断教师媒体使用情况,诊断教师的教学语言,等等。[①] 例如,案例教学作为教师基本技能之一,按照"5W2H"诊断工具,重点关注点为:教师是否提出现实生活中的案例,并提供材料,引发学生对问题的思考;是否组织学生分组讨论,各抒己见;学生是否在教师的指导下对案例进行总结,说明自己对事物的认识;教师是否对案例进行分析和判断;是否关注学生自主学习能力和创造精神的培养;等等。

案例17　序列化模块学习助力新教师教学技能提升[②]

一、问题分析

我校教师平均年龄处于36岁左右,青年教师占32%,其中20%是近五年通过公招进入学校工作的。新教师文化素养较高,自主性和现代意识

---

① 张华. 课程与教学论. 上海教育出版社2001年版。

② 本案例由广州市海珠区实验小学蔡晓碧提供。原文题目是《序列化模块学习,助力培养新教师教学技能》,选用时略有编辑。

较强。但由于参加工作时间不长,缺乏教学实践经验,组织教学、学生工作预见能力、应变能力、专业技能等方面都亟待提高。作为学校的新生力量,新教师需要承担起学校持续发展的重任,而缩短新教师的角色转换期,对其教学技能的培养显得尤为迫切。

根据对新教师的教学技能进行调查问卷和访谈,我们了解到新教师在制订合适的教学目标和灵活组织教学内容两方面的信心较足,解读课标和教材的能力、教育教学设计能力、组织与实施能力、反思与发展能力不强。

(一) 要解决的问题

1. 聚焦新教师教学基本技能的具体问题

新教师要掌握课程标准对学科教学的目的、要求、内容以及各个年级的基本能力和基础知识教学要求,理解单元或章节教材在教材体系中的地位和作用,准确确定教学重点和难点,选用恰当的教学方法和教学手段。

2. 学会将教育教学理念转化为教学行为

通过序列化模块学习校本研修,增强新教师对教学设计和教学实施的能力,将先进的教育教学理念转化为提升教学技能的具体行为,从而提升教育教学质量。

(二) 解决问题的疑难点

1. 新教师的教学实践能力比较薄弱

新教师有一定的专业理论知识,自主性强,但创造性不够,教学实践能力有待提高,需要增强新教师的发展动力,激发内需,把所学专业理论知识与教育教学工作实际相结合。

2. 新教师的科研意识和能力比较薄弱

新教师的科研意识和能力比较薄弱,科研思路不宽、动手能力差的情况普遍存在,需要新教师打破自我封闭的意识,围绕小专题研究进行理论学习、案例学习、同伴相互学习,将研究主题落实在课堂上,落实到实践上。

二、拟定解决思路

新教师教学技能的培养和发展是一个连续的、积极的、优化的、上升的过程，是分阶段、有层次、有侧重的延伸和拓展过程。推动新教师的专业成长是一个层递过程，我们将新教师的教学技能问题放回它所处的系统中来思考，运用理念"$1=n$，$n=1$"进行系统思考，与各项教学技能整合，修正新教师思考的局限性，探索并推行了基于校本的培养新教师教学技能的序列化模块学习的运行机制，其技术路线如图 5-16 所示。

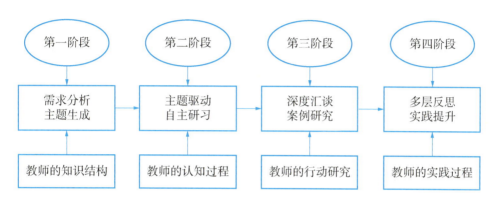

图 5-16 序列化模块学习培养新教师教学技能的技术路线

（一）需求分析，主题生成

对新教师的需求做分析。一是客观需求分析，按照不同学科教师的专业标准的要求与特点，分析其知识结构、能力要求与需要提高的内容。二是主观需求调研，通过问卷、访谈，详细了解新教师在教育教学、知识与能力方面要求提高的内容。根据教师从事教学工作所必须掌握的基本技能，从教师的困惑与问题中提取培训的主题，我们精心设计序列化模块学习的主题、目标和内容，克服了学习中随意、低效的弊端（如表 5-16 所示）。

表 5-16 模块学习主题、目标和内容

模块	主题	学习目标	学习内容
第一模块	教育理论	1. 了解学校办学理念、校园文化、规章制度和班级管理的基本要求； 2. 规范教育教学行为，明确教学工作的基本流程	1. 理论学习；2. 班级管理；3. 学科课程标准；4. 我阅读，我成长

续上表

模块	主题	学习目标	学习内容
第二模块	公共课程	1. 提高运用语言文字的能力； 2. 加强"三笔字"和简笔画的训练，重点提高教师板书、板画的能力； 3. 能运用信息技术与学科整合	1. 普通话；2. 学科教学语言的运用；3. 三笔字；4. 精心设计板书板画；5. 现代教育技术的运用
第三模块	教学技能	1. 宏观把握新课程标准和新课程改革精神，掌握学科课堂教学、作业批改、课外辅导等教学基本常规和教学基本功； 2. 初步掌握学科的知识与内容体系，熟悉教学大纲和教材，懂得课堂设计，能够调控课堂	1. 课堂教学基本技能；2 开放课堂的创设；3. 教学设计能力；4. 设计恰当的教学目标；5. 科学设计教学过程；6. 教学内容的建构；7. 课堂教学的有效导入；8. 创造性地使用教材资源；9. 设计有价值的问题；10. 教学情境的创设；11. 师生间的合作与交往；12. 教学活动的反馈及调整；13. 学法指导；14. 引导学生从质疑走向探究；15. 作业的布置和批改方式的灵活使用
第四模块	课堂管理	1. 培养班级管理能力、转化差生能力、组织活动能力、心理疏导能力等； 2. 学会分析小学生心理需求，初步学会心理指导	1. 学生学习心理；2. 教学活动的组织管理；3. 教学突发事件的应对
第五模块	教学科研	1. 懂得教育科研工作对提高学校教育教学质量的重要性； 2. 积极参与对科研课题的研究，不断提高撰写教育论文的能力和教育科研水平	1. 教学课题研究能力；2. 教学的反思研究
第六模块	教学评价	1. 学习在新课程背景下教学评价改革的新的理论观点与发展取向； 2. 学习评价内容和评价方法要强调多种方法的综合运用	1. 教学的即时性评价；2. 教学的激励性评价；3. 教学的形成性评价；4. 教学的终结性评价；5. 教学质量分析；6. 听课、说课和评课
第七模块	自我发展	1. 制订个人发展规划，进行个人成长目标导向； 2. 建立健全青年教师业务档案	1. 制订发展计划；2. 建立个人专业发展档案

（二）主题驱动，自我研习

教龄5年以下的新教师参加模块学习，每次学习前按主题内容计划做好专题准备，自觉学习教育教学的有关理论，学习《课程标准》《基础教育课程改革纲要（试行）解读》等有关课改的文章，提前做好学习积累和案例分析，为模块学习的相互交流发表自己的见解，为智慧的碰撞做好充分的准备。

（三）深度汇谈，案例研究

新教师组建成模块学习的研修共同体，每周的星期一下午第三节课是模块学习时间，运用启发式讲授、世界咖啡、案例研习、经验学习、现场培训、拓展训练等多种培训形式，创造一个平等对话的环境，围绕《青年教师"二次成长"》校本研修培训教材某个主题进行深度汇谈，每次的模块学习基本上安排约4位老师做中心发言人，其他老师作简单发言。立足课堂教学，以课例研究为载体，探讨教育教学实践中出现的一些带有共性的、有研究价值的热点问题和案例，畅谈教学感受，倾诉教学困惑，研究解决方法，开展热烈的思维碰撞，实现思维启迪、优势互补、资源共享和个性发展的目标。

（四）多层反思，实践提升

新教师在模块学习深度汇谈后，要进行深度思考，多层反思，做好个性备课，通过教学实践形成体验式学习圈，体验分享交流整合应用，实现做中体验，自我超越。开展小课题研究，将课题研究推向深处，积极寻求个性化发展。

三、实施与改进过程

（一）第一阶段实施

1. 过程描述

第一阶段的模块学习内容包括"设计恰当的教学目标""科学设计教学过程""创造性地使用教材资源""设计有价值的问题""教学情境的创设""教学活动的组织管理""师生间的合作与交往""教学活动的反馈及调整""学法指导""引导学生从质疑走向探究""教学内容的建构"和"开放课堂的创设"。12位新教师组建成模块学习研修共同体，4位老师围绕"交流台"的提纲做中心发言人,其他老师作简单发言。通过序列化模块学习,让新教师广泛阅读各类教育教学理论图书、教学相关杂志,研读教育教学专著,钻研教育教学理论,树立新的教育教学理念,深入领会本学科课程标准,熟练掌握本学科专业基础知识和基本技能;学习借鉴他人的教学经验,共享学习心得,正确应对课改新形势,夯实理论基础。

模块学习案例1:如何创设开放课堂?

模块学习交流提纲:①什么是开放课堂?创设开放课堂的主要途径有哪些?②如何提高教师对开放课堂的引导能力?③结合实际,谈谈创设开放课堂的有效策略。④举例说明创设开放性课堂时如何把握好"放"与"收"的分寸。

这一次的模块学习,语文科的方老师和张老师、数学科的黄老师、体育科的陈老师围绕模块学习主题进行了中心发言。方老师的发言提到开放性课堂,包括"学习内容多元化、教学形式民主化、学生学习个性化",设计开放性课堂要把握好"课堂角色的变化、教案作用的变化、重点内容的变化、实施过程的变化"四个变化。黄老师以"四边形的认识"为例,谈了如何创造条件让课堂真正成为属于学生的课堂,谈了创设开放课堂的主要途径和有效策略。张老师在模块学习中交流了什么是开放课堂,如何创设开放课堂,包括课前拓展、开放课堂资源、课后的延伸,要把更多的时间留给学生,让他们去探索、去思考、去创造、去实践。张老师既谈了对开放课堂的理论认识,又结合自己的教学课例《邮票齿孔的故事》《找春天》来分享学习的心得。其他参与模块学习的老师也参与了分享,交流了自己对开放课堂的认识,要呈现内容、学习方法、学习思维和学习成果的开放,才能收到最佳的教学效果。现场学习气氛比较浓厚,发言比较积极。

2. 现象分析与评价

通过一年的序列化模块学习,新教师能按照课程标准要求进行课堂教学,加强学习了三笔字、普通话、计算机运用等教学基本技能的训练,较快掌握了教育教学工作所必备的各项技能。新教师初步掌握了备课、上课、作业(布置、批改、检查)辅导、考试等教学常规工作,养成自觉钻研业务的良好习惯,在讨论中提高认识,转变观念,收到了预期的效果。但我们发现,大多数新教师只是分享了自己的教学心得,他们是否能真正结合课例与学习的内容对教学设计、双边活动的实施方案、作业的布置、考查方式等进行潜心研究呢?实际上,他们的教学理论还不够丰富,教学视野还不够开阔,没有做到深刻反思自己、找出差距,还不知在教学实践中如何做到模仿与创造,如何做到超越自己。新教师的发言还是比较肤浅,缺乏深度、广度和厚度。培训效果在知识获取、态度变化等方面效果较强,但技能习得、能力提高、行为转变等方面效果一般。

(二)"5W2H"分析法深入剖析

模块学习的目的在于提高新教师自觉践行新课程理念的意识和能力,在于把新的教学方式和学习方式引进课堂。为了进一步提高模块学习的有效性,我们采用"5W2H"分析法,对模块学习的"5W2H"7个维度进行评判、研究,进一步系统化、精细化分析模块学习的有效性(见表5-17)。

1. "5W2H"分析法

表5-17 "5W2H"分析

5W2H	层次1	层次2	层次3	层次4	结论
Who	新教师	缺乏教学实践经验。要缩短新教师的角色转换期	没有更合适的人	学校的新生力量承担起学校持续发展的重任	新教师
When	每周星期一下午第三节课	教师已完成当天的课程教学	没有更合适的时间	其他时间很多新教师要参加区级以上的教学研讨活动	每周星期一下午第三节课进行模块学习
Where	学校会议室	环境宽松、舒适	没有更合适的地点	环境安静、舒适,设备齐全	学校会议室

续上表

5W2H	层次1	层次2	层次3	层次4	结论
Why	由于参加工作时间不长,缺乏教学实践经验	组织教学、学生工作预见能力、应变能力、专业技能等方面都亟待提高	学校应该为新教师教学技能的发展提供系统、规范、长效的支持、帮助	新教师需要承担起学校持续发展的重任,缩短新教师的角色转换期,对新教师教学技能的培养显得尤为迫切	缺乏教学实践经验,专业技能等方面都亟待提高,要缩短新教师的角色转换期
What	教师校本研修	理论知识学习、教育实践经验积累、教育教学反思	经验—实用—参与—反思—行为结果(学习特征),案例—问题—观点—体验—技术指导(内容逻辑)	遵循成人学习规律,遵循学科教育发展规律,符合教师专业化的规律	新教师序列化模块学习
How	讲授法 研讨法 自我指导学习法 团队建设法	知识获取效果较强,技能习得效果一般,态度变化效果较强,能力提高效果一般,行为转变效果一般	讲授法 研讨法 自我指导学习法 团队建设法 传递法	知识获取效果较强,技能习得效果较强,态度变化效果较强,能力提高效果一般,行为转变效果较强	综合运用:讲授法 研讨法 自我指导学习法 团队建设法 传递法
How much	花费10 000元	购买书籍 专家讲授 出版书籍	新教师教学技能培训	为新教师校本研修培训提供保障	花费20 000元
程度		培训目标有效性低→高			

2. 需要改进的小维度

下一阶段的模块学习要找到更好的培训形式、方法和途径,充分发挥校内资源的作用,重点研究教师之间的"互动发展"。在How方面,除了用讲授法、研讨法、自我指导学习法、团队建设法开展教师的行动研究,还应该在研讨法中加强"世界咖啡"这个方式在培训中的运用,增加行为示范、现场培训等形式,达到有效的互动,提高新教师的教育教学实践能力,进行知识和技能的储备,以促进新教师更好地发展。在 How much 方面,学校还可以加大投入,为新教师校本研修培训项目提供切实的保障。

(三) 第二阶段实施

为充分发挥教师之间的"互动发展",在第二阶段的模块学习中我们加强了"世界咖啡"这个方式在培训中的运用,增加行为示范、现场培训等培训形式,达到有效的互动,提高新教师的教育教学实践能力,进行知识和技能的储备,以促进新教师的持续发展。

1. 过程描述

第二阶段的模块学习内容包括"学科教学语言的运用""课堂教学的有效导入""板书板画的精心设计""教学突发事件的应对""作业的布置和批改方式的灵活使用""现代教育技术的运用""教学的即时性评价""教学的激励性评价""教学的终结性评价""教学的反思和课题研究""课堂观察研究"。营造一个安全、平和的环境,让新教师针对模块学习的主题展开对话,建立一个充满生机的集体汇谈网络,创造集体智慧。每4位新教师组成一桌针对一个主题汇谈,一共3桌,通过几轮的流动汇谈,除了桌主外,其他人均可在每轮时间截止时自由选择其他组,参与交流,侧重点在知识分享、关系建立和价值创造方面。

模块学习案例2:作业的布置和批改方式的灵活使用。

模块学习交流提纲:①举例说说怎样根据学生需要设计作业。②反思总结自己的作业批改方式,比较其利弊。③结合自己的作文批改方式,谈谈如何提高作文批改的实效性。④为了最大限度地发挥作业对学习的评价功能,一位老师应用了"错题本"的小策略,就是让学生把每次的错题收集起来,经常复习。您认为这样做如何?

新教师进行了面对面的深度流动汇谈,围绕主题主动交流,气氛热烈,激活了新教师自主学习与主动反思的内在需求,形成自我完善的意识,培养了自我提升的能力。如语文科方老师说作业的方式有预习类作业、巩固类作业、拓展类作业,要让孩子们在常态下养成完成作业的良好习惯，小学语文老师需要力求做到：目标明、环节细、形式新、效果显。语文科张老师说，语文是实践性很强的学科，应着重培养学生的语文实践能力，因此应该让学生更多地直接接触语文材料，在大量的语文实践中掌握语言的规律。数学科黄老师说，布置作业的类型有笔头作业、口头作业和电子作业等三种不同的作业类型。口头作业一般有背诵数学公式和计算口诀、复述解题过程等，口头作业的作用很大。还有一种电子作业，学生可以在网上完成，实现电子批改，还能统计学生易错题等情况，教师在电脑的后台可以查询。这样的作业比较新颖，而且迎合孩子喜欢动态呈现的心理，因此老师可以结合自己教学的内容适当布置些相关作业。英语科辞老师说，拓展型任务作业是典型的任务型教学，我们现在的教学就是以此为理论基础所进行的案例。如五年级某个单元是要求学生学习完成之后做健康海报。学生或者上网，或者自己总结，或者询问爸爸妈妈，甚至还可以自己看书，找出和书本中不一样的健康建议，并自己配上图。这是一个运用多元智能的活动，学生可以调动自己的文学、艺术、思维等各方面的智能。现在国内的教育太强调间接经验的学习了，学生完全没有实践的过程，只是听、读、背。学生完全没有感性认识，老师说什么就是什么，当然也不可能对老师进行质疑。所以，学生学习的知识虽然非常多，但是能沉淀下来的却非常少。

2. 现象分析与评价

世界咖啡，让新教师发表各自的见解，互相交流意见，激发出意想不到的创新点子。深度汇谈，新教师能够用新的视角来看教学，产生更富有远见的洞察力，对过去的教学行为做出理性的审视和评判，揭示行为背后所隐含的观念和意识，促进智慧的生成和实践行为的进一步提升。

四、反思与收获

新教师进行了两年的序列化模块学习，在校本培训的方式、内容、管理、资源等方面进行了一些新的思考和探索，力图走出一条针对性强、效率高、重实践、重发展的校本培训之路。主要有以下三点收获：

（一）关注新教师在培训中所学内容的转化提升

强化教学技能培训，是建立在对实践的反思和再实践的行动研究上，关注新教师在培训中对所学内容的转化提升，关注青年教师在教育教学中面临的实际问题的研究与解决，关注新教师将所学的内容有效转化为自己的知识体系与实践智慧。新教师参加了本校6项教师个人立项课题研究，执教了多节课题研讨课，动笔撰写反思，将自己对教学的认识结合自己的课例进行深入的思考，在校本培训的过程中迅速成长起来，逐渐发展成为一个自觉而有效的反思者，不断丰富自我素养，提升自我发展能力。近三年，有12位新老师参加教学竞赛、论文评比，共获奖34人次，这些活动不断促进新教师的专业成长。

（二）参与合作互动分享的培训方式增强了针对性和实效性

根据需求分析设计的序列化模块学习，以参与合作互动分享为方式，进一步增强培训的针对性和实效性。世界咖啡是一种在热情友好、愉快轻松的氛围中集体参与和分享的活动形式。深度汇谈能让新教师在模块学习研修共同体中探索教学问题，它鼓励每个人参与，共同讨论不同的观点和深层次的问题，在参与中吸收多元思想。世界咖啡可以与讲授法、传递法、团队建设法等各种培训方法综合运用，使教师校本培训更有效果。

（三）课程设计是发展的、动态的、开放的

学校编写了《青年教师"二次成长"校本培训教材》，设计了序列化模块学习的培训目标和内容，开发了"海实云平台"校本培训资源库，为新教师的自主学习提供信息资源保障。

点评：

振兴民族的希望在教育，振兴教育的希望在教师。教师队伍是教育事业改革与发展的主导力量和决定因素。一个学校能否持续健康发展，取决于其是否拥有一支高素质的教师队伍。蔡校长在对本校新教师情况进行较为全面的调查的基础上，针对本校新教师存在的急需解决的问题，制订了序列化模块学习的校本研修方案，并加以实施。在实施的过程中还运用"5W2H"分析法对第一阶段的研修情况进行诊断，找到需要改进的小维度，然后在第二阶段中进行改进，从而提升了校本研修的有效性。经过两年的实践，该校探索出了一条针对性较强的新教师序列化模块研修之路。

三、诊断学生学习

课堂学习主体是学生,他们喜欢什么样的教学引导,乐于采用什么样的学习方式,学习中他们的情感体验如何,学习潜能是否得到了充分的发挥,这些都是影响学生学习效果的要素。"诊断学生学习"包括课前预设、课中学习方式、学习效果,即课前预设需要对学生学情进行充分的自我诊断;课中学习需要对学习方式进行选择、课堂生成进行即时诊断;学习效果诊断需要关注学生参与的深度和广度。

1. 自我诊断学生学情

学习不仅受学生的起点能力即原有的知识基础和技能水平制约,而且还受学生的认知风格、学习的偏好方式、学习的能力状况等影响。有的学生看起来一言不发,其实思考很深入;有的学生发言踊跃积极,却是浮光掠影,一知半解。教师引导学生进行自我诊断,关注学情的中心问题,建立起新的学习与学生的起始状态的相互联系,帮助学生对学习过程进行自我评价。如一节课后,我们访谈个别学生了解他们课堂中的学习情况,让他们自己对自己的课堂表现进行评价,也可让学生填写表格式的问卷。教师从学生的自我诊断中反思课堂教学,引导使用更妥帖的学习方式提高学习效率。

案例18 "层层递进问题串"破解初中数学中考压轴题[①]

一、问题分析

新课程提倡注重过程,让学生亲身经历学习的认知过程,亲自去实践、去体验、去感悟数学知识的发生、发展过程。由于我所任教的班级学生大部分学习的主动性与积极性欠佳,因而在中考复习的过程中,我常常

---

① 本案例由广州市新滘中学常艳红提供。原文题目是《分解难点 循循善诱 扎实有效——"层层递进问题串"在初中数学压轴题中的应用》,选用时略有编辑。

对中考压轴题是否讲授感到很困惑。若完全不讲，对于班里的尖子生来说是一种"被放弃"，他们考普通高中的希望就变得更加渺茫；若讲，对于班里的学困生来说是一种"陪读"，他们会整节课无所事事；怎么讲，也很讲究，若是照题讲，对班里的大部分同学来说，就变成了"过场"。

二、拟定解决思路

为了保证尖子生，促进中等生，鼓励学困生，在中考复习阶段，我采用分解压轴题的方法，用"层层递进"的系列"问题串"分解压轴题中所涉及的知识点，分层学习，关注学生的盲点，通过类比、加工、改造、加强或减弱条件，以及延伸、扩展或组合来编拟新的试题，使其转化为一系列简单、有联系、一个问题比一个问题更深入的系列问题引导，从而让学生比较轻松地解决压轴题，让每一个学生都能体会到学习数学的快乐，体验成功的喜悦。

下面谈谈我是如何分解难点，设置层层递进系列"问题串"的。

如图1所示，把问题分解为A、B、C三层次，遵循从易到难的递进规律，每一层次的题目又从简单到复杂分为2~3个小题，每一个小题之间都是简单层次的系列递进问题，每次实施过程之间的分解由"细"到"粗"，步步为营，目的是让不同层次的学生都能学到想学并且能学得到的数学知识，品尝到学习数学的快乐。每一个学生可以选择A、B、C三个层次中的任意一个层次或两个层次，若不能独立做一个层次，还可以从A层开始，在"问题系列串"的引导下进行学习，让每一个学生都能从自己的"最近发展区"出发，体验到学习的快乐。经过实施，再根据学生具体掌握的情况进行整合，不能单独完成的同学，可保留在原层次，经过老师的面授或同学之间的互助学习，再进行第二次实施。根据实施过程中学生的具体情况，可进行多次整合，多次实施，达到学有所成的目的。按照如图5-17所示的树形图来分解难点，从学生的"最近发展区"出发，引导不同层次的学生进行不同程度的学习。

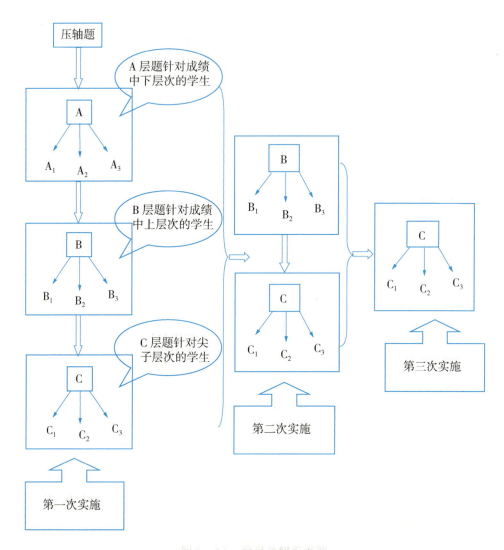

图 5-17 题目分解示意图

A 层题是针对于学困生设置的，大部分成绩中下的学生都可以理解问题，并能解决问题。通过这样的分解，他们并没有对这样的题目表现出抗拒的心理，反而觉得题目也很简单，没有想象中那么复杂。这样便能提高学生学习数学的积极性，增强学生学习的信心。

A 层

1. 如题图 1 所示，$AC \perp BC$，点 D 为线段 AC 上的一点，点 E 在线段 BC 的延长线上，$CD = CE$，求证：$\triangle AEC \cong \triangle BDC$。

2. 如题图 2 所示，$\triangle AEC \cong \triangle BDC$，点 A 与点 B 是对应点，$AC \perp BC$，点 D 为线段 AC 上一点，点 E 在线段 BC 的延长线上，求证：$DF \perp AE$。

3. 如题图 3 所示，在 $\triangle ABC$ 中，$AC \perp BC$，$BC = AC$，点 D 为线段 AC 上的一点，点 E 在线段 BC 的延长线上，$CD = CE$，求证：$\triangle ADF \backsim \triangle BDC$。

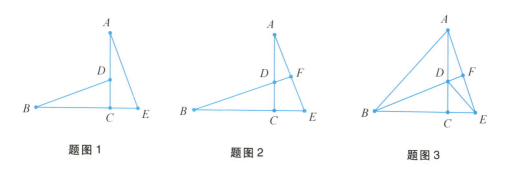

题图 1　　　　题图 2　　　　题图 3

由于压轴题一般涉及的知识点较多，综合性较强，很多考点会是学生在一般情况下想不到的知识点——盲点。如何分解难点、关注盲点是我们在教学中要特别注意的。例如 B 层的第 1 题，使直角三角形与圆相联系，是因为要关注到学生的盲点，证明点 F 在 $\odot O$ 上，就是要证明 $OF = OA = OB$，就是要证明 $\angle AFD = 90°$（利用的是直角三角形斜边上的中线等于斜边上的一半的原理）。B 层的第 2 题渗入三角形的中位线的知识，使新旧知识点巧妙结合，构建学生新的知识网络。通过 B 层这样的练习，大部分成绩中上的学生知道了一定要关注各知识点的"连接点"，它往往就是我们解题的盲点，也是我们顺利解题的关键。B 层这些"层层递进，螺旋上升"的系列"问题串"，让学生在问题解答中暴露思维过程，体验数学思维的严谨性、灵活性、多变性，并且边做边总结解题技巧，以形成初步的解题思路，提高学习的有效性。

B 层

1. 如题图 4 所示，$\triangle AEC \cong \triangle BDC$，点 A 与点 B 是对应点，点 D 为线

段 AC 上的一点，点 E 在线段 BC 的延长线上，以 AB 为直径作 $\odot O$，$AC \perp BC$。求证：点 F 在 $\odot O$ 上。

2. 如题图 5 所示，$\triangle AEC \cong \triangle BDC$，点 A 与点 B 是对应点，$AC \perp BC$，点 D 为线段 AC 上的一点，点 E 在线段 BC 的延长线上，以 AB 为直径作 $\odot O$，点 M 是 BE 的中点，连接 OM 交 BF 于点 H。求证：$OM \perp BF$，$OM = \dfrac{1}{2} AE$。

3. 如题图 6 所示，$\triangle AEC \cong \triangle BDC$，点 A 与点 B 是对应点，$AC \perp BC$，点 D 为线段 AC 上的一点，点 E 在线段 BC 的延长线上，以 AB 为直径作 $\odot O$，点 M 是 BE 的中点，连接 OM 交 BF 于点 H。取 AD 的中点 N，连接 ON。求证：$OM = ON$。

题图 4　　　　　　　　题图 5　　　　　　　　题图 6

C 层针对尖子生。由于数学压轴题是初中数学中覆盖知识面最广、综合性最强的题目，考查的知识点多，条件也相当隐晦，它能真正考查尖子生对数学知识与方法的驾驭能力，同时也考查学生的综合分析、解决问题的能力。对于 C 层的第 1 题，尖子生在前面系列问题串的引导下，大部分能独立完成。在完成后，再呈现出中考压轴题 C 层的第 2 题，很多学生都感叹，我们的压轴题也不过如此。这样便能激发学生学习的动力，培养学生的自信心。做完第 2 题的（2）问后，让学生消化、总结、提炼解题方法后，再呈现出第 2 题的（3）问，让学生更深刻地体会数学的概念、技能、思想、方法，同时还要做到方法、思想的扩展，并能熟能生巧，举一反三，触类旁通，深刻地理解数学的类比及迁移思想。

C 层

1. 如题图 7 所示，$\triangle AEC \cong \triangle BDC$，点 A 与点 B 是对应点，$AC \perp BC$，点 D 为线段 AC 上的一点，点 E 在线段 BC 的延长线上，以 AB 为直径作 $\odot O$，点 M 是 BE 的中点，连接 OM 交 BF 于点 H。取 AD 的中点 N，连接 ON、MN。求证：$\triangle OMN$ 是等腰直角三角形。

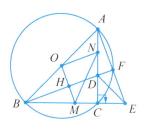

题图 7

2. 如题图 8 所示，$\odot O$ 中 AB 是直径，C 是 $\odot O$ 上一点，$\angle ABC = 45°$，等腰直角三角形 DCE 中 $\angle DCE$ 是直角，点 D 在线段 AC 上。

（1）证明：B、C、E 三点共线。

（2）若 M 是线段 BE 的中点，N 是线段 AD 的中点，证明：$MN = \sqrt{2} OM$。

（3）将 $\triangle DCE$ 绕点 C 逆时针旋转 α（$0° < \alpha < 90°$）后，记为 $\triangle D_1 C E_1$（题图 9）。若 M_1 是线段 BE_1 的中点，N_1 是线段 AD_1 的中点，$M_1 N_1 = \sqrt{2} OM_1$ 是否成立？若是，请证明；若不是，说明理由。

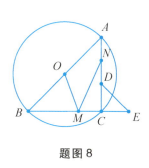

题图 8

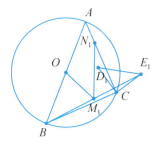

题图 9

三、诊断与改进过程

1. 第一次实施与改进过程

第一次实施时呈现给学生的是 A、B、C 三层次的题目，题目分析得比较"细"，一个一个知识点地进行引导，题目之间无缝连接，让每一个愿意学的学生都有学下去的动力。同时，在第一次实施的过程中，着重关注通过 A 层的学生，对于那些还没有通过的学生，要进行面授教学，使这部分学生通过自己的学习，达到 A 层的学习目标（见表 5-18）。

表 5-18 "5W2H" 分析（第一次实施）

5W2H	层　　次
Who	部分九年级学生
When	初三下学期专题复习
Where	课室
Why	大部分同学对中学的压轴题视而不见，有一种畏惧心理，总觉得这些题目对于自己来说难度太大，不是自己能"搞定"的
What	中考压轴题
How	分解压轴题，设置层层递进的问题串
How much	

结果显示，两个班共 76 名学生，通过 A 层的人共 59 人，通过率为 77.6%。通过第一次实施可以得知，大部分同学已能独立完成 A 层，只有个别学生不能通过，这部分学生要求老师单独一对一或一对多地进行讲解，这其中，A 层的第 2 题有部分同学不能单独完成。为此，保留 A 层的题目给没有通过的学生，而对于已通过 A 层的学生再进行第二次实施，并对第二次实施的题目进行整合与修改，由原来的 8 题更改为 5 题，保留 A 层的第 2 题、B 层的第 2 题与第 3 题，及 C 层的题目。下阶段的主要目的是提高成绩中上的学生做 B 层题的正确率。通过教师的讲解与引导以及学生互助学习，大部分成绩中上的学生都能很好地完成 B 层，以至于能达到 C 层的第 1 题。

2. 第二次实施与改进过程

B 层

1. 如题图 10 所示，$\triangle AEC \cong \triangle BDC$，点 A 与点 B 是对应点，$AC \perp BC$。求证：$DF \perp AE$。

2. 如图题 11 所示，$\triangle AEC \cong \triangle BDC$，点 A 与点 B 是对应点，$AC \perp BC$，以 AB 为直径作 $\odot O$，点 M 是 BE 的中点，连接 OM 交 BF 于点 H。求证：$OM \perp BF$，$OM = \dfrac{1}{2} AE$。

3. 如题图12所示，△AEC≅△BDC，点A与点B是对应点，AC⊥BC，以AB为直径作⊙O，点M是BE的中点，连接OM交BF于点H。取AD的中点N，连接ON。求证：OM = ON。

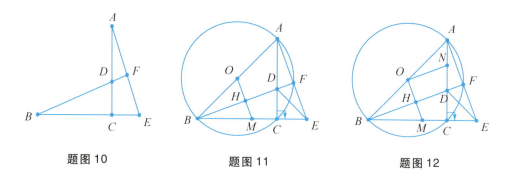

题图10　　　　题图11　　　　题图12

C层

1. 如题图13所示，△AEC≅△BDC，点A与点B是对应点，AC⊥BC，以AB为直径作⊙O，点M是BE的中点，连接OM交BF于点H。取AD的中点N，连接ON、MN，求证：△OMN是等腰直角三角形。

2. 如题图14所示，⊙O中AB是直径，C是⊙O上一点，∠ABC = 45°，等腰直角三角形DCE中∠DCE是直角，点D在线段AC上。

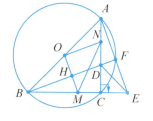

题图13

（1）若M是线段BE的中点，N是线段AD的中点，证明：$MN = \sqrt{2}OM$。

（2）将△DCE绕点C逆时针旋转α（0° < α < 90°）后，记为△D_1CE_1（题图15）。若M_1是线段BE_1的中点，N_1是线段AD_1的中点，$M_1N_1 = \sqrt{2}OM_1$是否成立？若是，请证明；若不是，说明理由。

结果显示，由于在第一次实施后已有一部分学生保留在原来的A层，大部分学生进入了第二次实施，进入第二次实施后通过本次B层的有36人，通过率达到47.4%。班里的大部分成绩中等及中等以上的学生能达到B层，在大部分同学能完成B层的情况下，再把C层题目逐步呈现出来，让我们的尖子生能独立完成（见表 5-19）。

题图 14

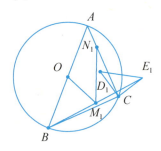

题图 15

表 5-19 "5W2H"分析（第二次实施）

5W2H	层 次
Who	部分九年级学生
When	初三下学期专题复习
Where	课室
Why	部分成绩中上的学生对压轴题改编的问题串产生浓厚兴趣，通过整合，题目安排符合学生的认知规律。由于基础受限，部分学生仍然停留在 A 层，但大部分成绩中上的学生已经愿意去做题，教师集中精力主要攻克 B 层，以及让部分尖子生研究 C 层题
What	中考压轴题
How	分解压轴题，设置层层递进的问题串
How much	

3. 第三次实施与改进过程

1. 如题图 16，$\triangle AEC \cong \triangle BDC$，点 A 与点 B 是对应点，$AC \perp BC$，以 AB 为直径作 $\odot O$，点 M 是 BE 的中点，连接 OM 交 BF 于点 H。取 AD 的中点 N，连接 ON。求证：$OM = ON$。

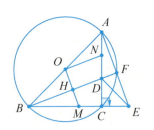

题图 16

2. 如题图 17 所示，$\odot O$ 中 AB 是直径，C 是 $\odot O$ 上的一点，$\angle ABC = 45°$，等腰直角三角形 $\triangle DCE$ 中 $\angle DCE$ 是直角，点 D 在线段 AC 上。

(1) 若 M 是线段 BE 的中点，N 是线段 AD 的中点，证明：$MN = \sqrt{2}OM$。

(2) 将 $\triangle DCE$ 绕点 C 逆时针旋转 α（$0° < \alpha < 90°$）后，记为 $\triangle D_1CE_1$（题图18），若 M_1 是线段 BE_1 的中点，N_1 是线段 AD_1 的中点，$M_1N_1 = \sqrt{2}OM_1$ 是否成立？若是，请证明；若不是，说明理由。

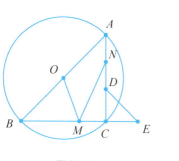

题图 17

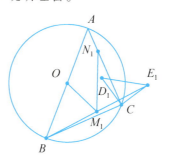

题图 18

在第三次实施后，大部分成绩中上的学生都能在系列问题串的引导下主动、认真地完成 C 层题的前两问，这比之前大部分成绩中等的学生对压轴题无从下手的情况已有很大的改观。其实，让学生去接触这些压轴题，不是要去证明学生有多厉害，而是要让学生懂得，在困难面前要有克服的勇气和信心，要挖掘潜力，在没有认真思考之前，不轻言放弃，这才是正确的人生观及价值观（见表 5-20）。

表 5-20 "5W2H" 分析（第三次实施）

5W2H	层次
Who	部分九年级学生
When	初三下学期专题复习
Where	课室
Why	部分中上学生在问题串的引导下，能独立、主动地完成。再次通过新的整合，教师着重关注此次实施过程中完成 C 层题，注意引导学生独立思考，注重数学整体性在学习中的重要作用
What	中考压轴题
How	分解压轴题，设置层层递进的问题串
How much	

结果显示，学生 C 层的通过人数达到 23 人，通过率为 30%。在下次实施时将直接呈现中考压轴题，让学生真实接触中考题。

4. 第四次实施与改进过程

采用中考考试原题，直接进行测试。两个实验班里能直接通过压轴题的学生达到 33 人，通过率达 43.4%。班里的尖子生都能非常轻松地解答本题，成绩中上的学生在问题串的引导下，也大多能解答问题，这大大激发了学生解决数学问题的兴趣，提高了学生的学习信心，促使学生认真对待中考压轴题（见表 5-21 及图 5-18）。

表 5-21 "5W2H" 分析（第四次实施）

5W2H	层 次
Who	部分九年级学生
When	初三下学期专题复习
Where	课室
Why	部分成绩中上的学生对压轴题改编的问题串产生浓厚兴趣，通过整合，题目符合学生的认知规律。由于基础受限，部分学生仍然停留在 A 层，但大部分成绩中上的学生已经愿意去做题，教师集中精力主要攻克 B 层，以及让部分尖子生去研究 C 层题
What	中考压轴题
How	分解压轴题，设置层层递进的问题串
How much	

四、反思与收获

通过一系列问题串的学习，大部分成绩中上的学生对中考压轴题不再产生畏惧心理，分层学习，让每个学生都能知道自己学习的真实效果，知道自己学习的薄弱环节，懂得如何去弥补自己的不足，并在多次实施的过程中，巩固自己所学的知识，加深各知识点之间的联系，分解教学难点。设置层层递进系列问题串，关注盲点，通过学生分层练习，大大提高了教学的有效性。收获主要在以下三个方面：

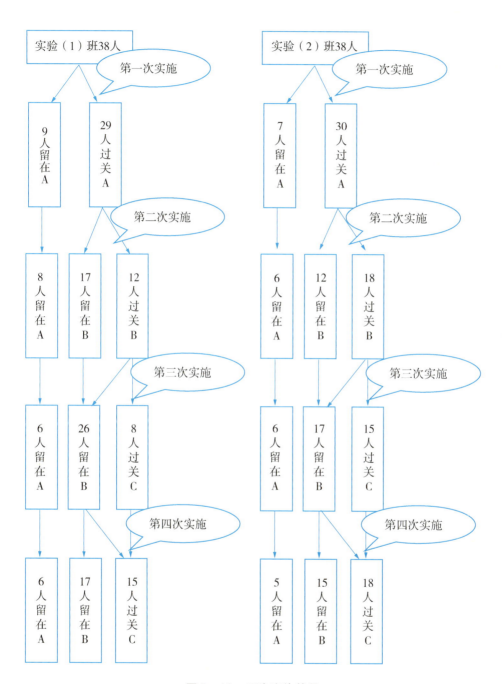

图 5-18 四次实施效果

（1）注重数学的整体性，提升学生的系统思维水平。中考压轴题所涉及的知识点综合性强，是经过出题老师深入研究、拓展、归纳而成的。解答时，通过层层递进的系列问题串，巩固了相关的基础知识，提升了学生的系统思维水平。通过这样的分解转化，引线搭桥，大部分同学不再对中考压轴题"望而生畏"，懂得了再难的题目都是由简单题目"堆积"而成，只有平时认真观察，及时总结，不再被动地、零散地学习知识，对知识的理解全面、整体，学习才事半功倍。

（2）设计的问题有水平区分度，注重分层教学，有效训练。数学教学活动只有建立在学生的认知发展水平和已有的知识经验基础上，才能有效地提升教学质量。根据学生的实际情况，从学生已有的经验出发，给他们提供具有一定认知难度的学习梯度，特别要针对学习的重点、难点以及学生学习的盲点，寻找学生认知的"最近发展区"，并且根据学生的认知差异，铺设和搭建学习的"脚手架"，一步一步引导学生，螺旋式渐进、层层递进设置系列问题串，从而突破教学难点，突出教学重点，关注教学盲点，体现教学的有效性。

（3）释放老师，解放学生。由于学生的知识储备与思维水平、个性及潜能的差异，他们接收知识的能力也有一定的差异，教师需要对试题做出认真的分析，进而划分不同的层次。对不同层次的学生提出与其水平相应的要求，置相关教学目标于各类学生思维的"最近发展区"内，在学生遇到困难时才给予适当的点拨和引导。而学生也可以根据自己的情况，选择自学，或问同学或问教师，学生不再是被动地听教师讲授，教师也不再是被动地、无效地讲课。让每个学生都能找到自己需要学习的知识，并且都能学到自己能学并且要学的知识。通过这样的分解学习压轴题后，班里的尖子生学会分解难点，关注盲点，提高了综合分析能力；对于成绩中等的学生，也不再觉得压轴题是高不可攀的，通过思考，有些题目他们自己也是可以解答的；而成绩中下的学生，激发了他们学习的信心，他们也不会在"压轴题"上出现空白卷了，从而达到了保尖、促中、鼓困的目的。

不足与改进之处：

（1）问题串阻碍了部分尖子生的思维。在实施的过程中，由于每个班都有个别尖子生，问题串反而会阻碍尖子生的思维，他们不需要问题串引导也能解决问题，因此在第一次实施的过程中，要先发给尖子生中考原题，若他们解决不了，再换问题串为他们引导，这样可激发尖子生主动学习的兴趣，鼓励尖子生用自己的方式解决问题。

（2）每次实施只关注一个层次。在实施的过程中，教师实际关注的是每一层次的学生，兼顾其他层次的学生就较少。此方法注重的是在实施的过程中，根据实施的结果去关注分层，而并不是一开始就注重分层，对于部分成绩中上的学生来说应该是做了无用功，也许他们第一次就能完成B层、C层，在后面的实施过程中有的还要重复地做题。为此，在以后实施的过程中，要尝试真正分层，让每一个学生都能从自己的"最近发展区"出发，以最优的路线达到最好的学习效果！

点评：

数学中考压轴题分值高、难度大、综合性强。常老师在组织学生学习的活动中，不是简单地将自己所知道的解题方法告诉学生，而是从学生的"最近发展区"出发，采用"5W2H"分析法，密切关注、诊断学生学情，以问题为导向，采用层级互动决策，有意识地加以引导，通过层层解剖，破解学习难点，突出学习重点，关注学习盲点，再通过加工、改造、整合条件及延伸、扩展来编拟新的试题，使其转化为一系列简单、有联系、一个问题比一个问题更深入的系列引导，进而比较轻松地解决中考压轴题教学中的难点，让每一个学生在有差异的学习过程中获得解题的体验，并能体会到成功的喜悦，提高教学的实效。

2. 即时诊断课堂生成

教与学是一个师生互动、共同发展的过程。教师通常按照自己的预设组织教学，但学生是独立的学习主体，学生学习的过程不是被动的接受，他们会有自己的独立思考和要求，他们会对老师的教学随时提出质疑，与老师同学共同分享需求。教师如果能重视捕捉孩子在学习过程中的信息，即时诊断，随时关注课堂生成，必能改进教学，使学生的学习更有成效。

案例19　当"理答"遭遇"冷场"①

一、问题分析

语文课堂主要是在师生互动、交流对话中完成的，教师的提问和学生的回答几乎贯穿整个课堂，随着教育的发展，民主、平等、和谐的对话教学已经成为普遍现象。

"对话"是新课标中的教学要求，而"理答"又是课堂上一种重要的教学对话。所谓"理答"，就是指教师对学生作答后的即时处理，以引起学生的注意与思考，其实质是教学信息的传输与反馈。所谓"冷场"，就是指教学过程中突然出现的衔接空白。在课堂教学中，当学生遇到需要深入思考的问题时，容易出现答不到点上、回答错误，甚至是站起来一言不发的状况，也就是我们常说的"冷场"。面对这种情况，不少教师在公开课、示范课上害怕问，回避问，甚至刻意以读代问，以小组讨论代替个体回答，教师在课堂上的主导地位弱化。"理答"作为课堂上师生对话的一种存在方式失去了魅力。笔者分析有以下几种原因：

（1）问题本身的原因。教师提的问题过大、过难，没有充分考虑到学生的年龄特点和认知水平，出现冷场局面时，不懂得转化问题或分解问题，让学生一直在"死胡同"里打转。

（2）思想上不够重视。很多教师对"理答"的概念认识模糊，甚至将其等同于我们常说的评价。平时进行教学设计时对教材分析得多，对每个教学环节精雕细琢，而对学生出现答错或者回答不完整的情况下如何理答预设得少。思想上的不重视导致教师面对冷场时就束手无策。这也是一些教师为什么拿到名师教案，也上不出一样效果的课堂的原因。

（3）缺乏课堂理答策略。很多教师只是在做"教书匠"，年复一年日复一日用同一本教材，上同样的课，缺少对经验的总结与提升，也缺少对问题的梳理。面对在课堂中经常出现的冷场问题，教师多半将原因归结为

---

① 本案例由广州市海珠区宝玉直实验小学唐春霞提供。选用时略有编辑。

学生能力差，或者上课不在状态，很少找深层次的原因，没有对在课堂"理答"中出现的特殊情况进行总结与提升，使其上升为自身的教学能力。

面对阅读水平参差不齐的学生，单一的理答方式显然不能满足学生的需要。为了解决冷场难题，我对课堂的理答行为进行了研究。

二、解决思路

我的研究思路分为四部分，如图 5-19 所示。

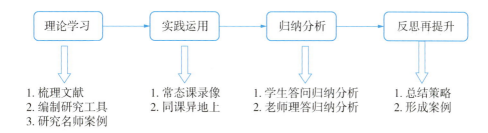

图 5-19　问题解决的思路

（1）理论学习。对国内外的大量相关文献进行研读和梳理，对"理答"有一个全面的了解，从理论的高度去指导实践。在文献梳理的基础上，借鉴已有研究工具，结合自己的课堂实际，编制出个性化的"小学语文教师课堂理答行为观察表"。通过文档、听课、观看录像等方式研究名师案例，特别是学习名师如何处理冷场问题的理答策略。

（2）实践运用。通过前期理论学习，将所学的理答策略运用到实际课堂教学中，面对冷场问题，看看有哪些要改进之处和仍然存在不足的地方。运用录音录像的方法进行记录，以便回放教学过程，便于研究。

（3）归纳分析。对所获取的录音录像资料进行文字转录和数据统计，以便对自己在实践课堂理答行为中的可取之处和诸多问题进行归类梳理。

（4）反思再提升。整合上述三步的研究成果，尝试总结出智慧理答的策略，从而指导自己的理答水平进一步提升。

三、实施与改进过程

下面以五年级下册课文《杨氏之子》为例，对实施与改进过程进行说明。

《杨氏之子》是人教课标版第十册的第三组课文，这组课文的教学主题是"语言的艺术"，着眼于引导学生感受语言表达的艺术，学会用得体的语言进行表述，同时增强学生热爱祖国语言的感情。本课的教学难点就在于怎样引导学生体会杨氏之子说话的委婉和机智。

　　在以前的教学中，要学生回答杨氏之子说话的精妙时，学生经常要思考很长时间还答不上来，大部分学生最多能答到"巧妙用姓氏做文章"这个点，此时我就会暗示学生或者直接给出答案，进行讲解。在学习了理答策略后，我开始在课中进行尝试。

　　第一次教学实践，在基本理解全文大意后，我以"全文什么地方最能体现出杨氏之子的聪慧？"为切入口，让学生找出"未闻孔雀是夫子家禽"这一重点句，接着进一步深入问："这样说话有何巧妙之处？"联系上文孔君平的语言"此是君家果"，学生比较容易看出因为孔君平拿杨氏之子的姓开玩笑，杨氏之子进行反驳，用同样的方法拿孔君平的姓"孔"做文章，把他和孔雀联系在一起。我接着问："还有别的巧妙之处吗？"同学没想到这一点，顿时沉默不语，课堂开始冷场。于是，我让学生再读一读，并反问学生："你们不觉得这样说话的语气很委婉吗？"学生恍然大悟的样子，似乎才体会到了语气的委婉。我又接着问："这句话还有一个地方也是值得大家学习的，再读读看看有什么发现。"学生又读了一遍，但还是很茫然地看着我。我只好问道："杨氏之子对孔君平的称呼是什么？"学生很快回答是"夫子"，我解释道："夫子，就是指很有学问的人，这样称呼有什么好处？"学生很快明白这样称呼比较有礼貌。

　　一堂课上下来让我感觉到，相对于以前，面对学生的"冷场"，我的理答策略有所提升，但是对学生的牵引太多，学生学习的自主性没有得到发挥。问题出在哪里，有什么更好的解决办法吗？我运用"5W2H"法进行了分析，得出了以下结论（见表5-22）。

表 5-22 "5W2H" 分析

5W2H	层次1	层次2	层次3	层次4	结论
Who	教师	只有教师可以引导	学生代替回答对其他学生思维没有帮助	没有人能够代替教师的课堂地位	教师
When	"冷场"的时候	学生在此时最需要帮助	学生都懂了就不会"冷场"了	"冷场"的时候才能发现学生知识的薄弱点	"冷场"时
Where	在课文的难点处	难点是不容易突破的	难点说明了学生存在知识薄弱点	解决难点可以让学生思维上一个台阶	难点处
Why	为什么学生答不出问题？	1. 问题太大、过难； 2. 学生思维受到阻碍	学生为什么只想到一个方面而不是多个方面？	老师不能灵活运用理答策略	老师不能灵活运用理答策略
What	问题呈现：杨氏之子说话的精妙之处在哪里？	这是本单元的重点难点	问题还可以呈现为：杨氏之子这样回答孔君平的话，好在哪里？	可以直接切入到重点，换了一种方式去问，通俗易懂，学生容易理解	点拨的问题：杨氏之子这样回答孔君平的话，好在哪里？
How	1. 用转问的理答方式问其他同学； 2. 用反问的方法让学生知道答案就在其中； 3. 让学生反复诵读，体会语言的精妙	学生已经回答不出问题了，继续让他回答，会加重孩子的心理负担，毫无益处。反复诵读可以读出语言文字的言外之意。反复读后学生仍答不出问题，用反问的方法比直接告诉答案又委婉一点	采用探问和追问方式，通过对文本语言的加、减提问，帮助学生揣摩语言的精妙。也可以寻找文本语言与读者感情的触发点去发问，使学生与文本产生共鸣	能够让学生自己探究发现，发挥学习自主性，而不是老师牵引或同学给出答案	采用探问和追问方式，通过对文本语言的加、减提问，帮助学生揣摩语言的精妙。也可以寻找文本语言与读者感情的触发点去发问，使学生与文本产生共鸣

续上表

5W2H	层次1	层次2	层次3	层次4	结论
How much	5分钟	读书和回答问题需要这个时间	10分钟	在学生思维受阻时，需要花费更长的时间来教学，能够引导学生体会出句子的秘妙，这个时间值得花	10分钟
程度		低——→高			

运用"5W2H"的分析方法，我找到了自己在理答上可以继续提升的地方：一是在点拨追问时可以将问题变得更加通俗易懂；二是在体会句子的秘妙时，除了转问和反问，还可以运用更高层次的探问和追问的方法，可以通过对文本语言的加、减提问，帮助学生揣摩语言的精妙，也可以寻找文本语言与读者感情的触发点去发问，使学生与文本产生共鸣。在此基础上，我进行了第二次教学实践，课堂呈现出来完全不一样的状态。

课堂情景呈现：

师："全文什么地方最能体现出杨氏之子的聪慧？"

生："未闻孔雀是夫子家禽。"

师：杨氏之子这样回答孔君平的话，好在哪里？（追问）

（学生沉默，开始冷场，半天没有人回答）

师：看来这个问题有点难，没关系，通过认真思考后，相信你的智慧会立刻涌现。（激励性理答）

（沉静片刻，还是没人举手发言）

师：让我们联系上文好好想一想，杨氏之子是在什么情况下说这句话的？（探问）

生：孔君平指着杨梅对他说，"这是你家的果？"

师：此时你就是孔君平，请问你为什么看到杨梅会说这句话？（追问）

生：我想"杨梅"第一字开头是"杨"，杨氏之子也姓杨，我把他们联系在一起,我这样说是想逗逗小孩玩。

师:你真是善解人意,孔君平的心思被你看穿了。那么你能看穿,杨氏之子甚聪慧,想必也知道了孔君平的意思,于是他说——(引答)

生:"未闻孔雀是夫子家禽。"

师:哪位同学也看透了杨氏之子的心里想法,他为什么这样回答呢?

生:我猜他在想,你不就是拿我的姓开玩笑,我也要反击一下,你姓孔,我就把你和孔雀联系一下,所以就这样说。

师:那为什么不直接说"孔雀是你家的鸟?"而要加上"未闻"二字来说?(追问)对比一下这两句话,看看哪句话好?

(出示课件,一句是:"孔雀是你家的鸟。"一句是:"未闻孔雀是夫子家禽。")

生:加上了"未闻"感觉到语气更平和一些,不会太冲。

生:会委婉一些,孔君平听了也不会生气。

生:我还发现他称孔君平为"夫子",这是尊称,他就更不会生气了。

师:同学们的发言很精彩,(高效表扬)这杨氏之子既机智地回答了孔君平的话,又对长辈不失委婉敬重之意,真是个会说话的孩子。(归纳式理答)让我们再来读读这句话。

同样一个设计,因为是在不同班级教学,学生在课堂出现的状况有相同之处也有不同之处,遇到的难点却是一样的。在第一次实践中,教师选择了较为轻松掌握的转问和反问理答的方法,解决了"冷场"问题,但没有发挥学生的主观能动性。在第二次教学实践中,因为对学生的状况有了充分了解,即便这个班级的学生水平更差一些,连第一个点都答不上来,但是通过老师点拨梳理,学生也体会到了这句话的精妙之处。最重要的是,这种感悟不是老师强加的,而是学生在老师的循循善诱下自己领悟到的。

四、反思与收获

学生学习的过程是建构知识的过程,是一个个问题解决的过程,都需要经历"初次遇到新问题—克服障碍的探究活动—生成新知识"的过程,课堂中的"冷场"现象正是学生学习有障碍的表现,帮助孩子解决思维受阻问题,每个老师责无旁贷。当理答遭遇"冷场",我们可以采用以下策略。

1. 尊重鼓励，帮助树立信心

课堂上要实现师生之间、生生之间的相互交流，必须建立在相互尊重的基础上，只有在一个平等、民主、自由、轻松和安全的课堂环境中，师生之间的交流才能成为可能。当学生回答不出问题、答错问题或者答不到点上时，正是他们最需要帮助的时候，教师首先要做到不责备，并采取激励性理答策略，放松学生的情绪，给予他们信心。如说："别着急，再想一想，把这个句子再读几遍，我相信你能答出来。"对于举手很积极，站起来却不知道说什么的同学，可以说："这个问题有点难，是不是话到了嘴边却表达不出来？没关系，听听别人是怎么说的，说不定就能给你启发。"

2. 授之以渔，点燃思维火花

在学生思维受阻的情况下，仅仅对学生表达尊重和给予他们鼓励是远远不够的，此时他们更需要的是教师在方法、思路上给予适当的点拨。如，概括文章的主要内容是高年级语文学习的重点难点，不同文章适合的概括方法也不一样，每到概括时，学生容易出现概括不全面或是说话啰嗦、断断续续等情况。这时我们可以根据文章的特点进行概括方法的指导。如老舍先生的《猫》可以指导学生抓重点词句来概括，《只有一个地球》则需要采用段意合并法概括。记人的课文要抓住课文写的谁，在什么地方，做了什么事等问题；写景的课文要抓住写的是什么景物，它有什么特点，按什么顺序写的等问题，然后再进行概括。

我们必须改变为了完成教学进度而直接将答案告诉孩子的习惯，将问题进行代答、串讲，而是应该给予学生线索和提示，点燃孩子思维的火花，让他们通过自己的努力找到答案。

3. 善用"三问"，破解"冷场"难题

在课堂上对于教师提出的"宏大"或"本质"的问题，学生回答需要经历一个思考探索的过程，学生面对这样的问题会无从下手，最容易出现"冷场"。因此，教师应结合课堂实际及时调整，设计出切合学生思维的问题，找准激发学生情感的切入点。在学生答问的过程中，要注意聆听，筛选出有用信息进行追问，从而引导学生明白最初的问题。也可以采取探问策略，把一个问题化解成多个问题或提出一个新问题，让学生获得对原问题的正确认识。如果都不能顺利对学生进行引导，再进行转问，不要因为一个同学而耽误了教学进程。

杜威指出,灵活性地处理意料不到的偶然事件和问题,要依靠教师对所教学科具有新鲜和充分的兴趣和知识。我们的课堂是灵动和多变的课堂,常常会有意想不到的情况发生,当理答遭遇"冷场",我们要用智慧的理答策略来武装自己,找到课堂另一个精彩生成点。

点评:

理想的课堂教学应是预设与生成的和谐统一,但是现实中的动态生成效果常常与预设存在一定差距。唐老师为了解决小学语文课堂教学实践中遭遇"冷场"的问题,采用"5W2H"分析法对自己所执教的五年级下册课文《杨氏之子》教学片段进行剖析,针对第一次实施中存在的问题拟订改进措施并再次实施,通过充分预设、巧妙设问、智慧理答,启发了学生的思维,获得了精彩的生成。一切教学都是预设与生成的统一体,没有有效的预设,就没有精彩的生成。

3. 全面诊断学生的参与深度和广度

学生对课堂的参与度直接影响课堂教学效率。学生参与课堂教学活动的人数、时间怎样?教师组织学习是否面向全体学生?是否关注不同学生的需求?学生可以自主学习的时间有多少?有多少人参与?学困生的参与情况怎样?是否关注高级认知技能(解释、解决、迁移、综合、评价等)?等等。在课堂上,教师是把学生当做容器的"满堂灌",还是给予学生一定的"自由时间"自主探索学习内容;在课堂上,教师是让其中一小部分优秀的学生参与,还是让大部分学生都获得参与讨论的机会;在课堂上,教师是让学生简单地思索有现成答案的问题,还是提供给学生有深度、有新意的问题。但在这里我们也要避免"形式主义":给予学生"自由时间"之形,却无"探索、研究、思考"之实。学生是否在这个参与过程中获得了一些重要的启发、思维的训练等,比如学生可以提出有深度的问题、学生可以有创意地回答问题等等。再如,从记忆层面到理解层面,显然是在逐步深入。从学生学习角度看,记忆层面,需要诊断学生是否能够记住和回忆客观性的和陈述性的知识;而深入到理解层面,需要诊断学生能否清楚而透彻地理解概念、原理、术语、规则、命题等的本质含义和内外关联等。从教师教学角度看，记忆层面，需要诊断教师指导学生的识记方法外，还要分析教学能否有效地刺激学生牢固地记住知识；而深入到理解层面，需要诊断教师能否把概念、原理、术语、规则、命题等向学生有效传授，让学生会其意，等等。学生参与课堂往往是主动的，但又是隐性的。这就要求教师练就一双慧眼，从而对教师的驾驭课堂能力提出了新的挑战。

案例 20　让数学走向综合实践生活的应用中[①]

【问题分析】

新课程标准指出，"数学来源于生活，也服务于生活"。数学家笛卡儿也曾说过："宇宙之大，粒子之微，火箭之速，化工之巧，地球之变，日用之繁，无处不用数学。"可见，数学与生活是息息相关的。同时，人们要生活，就要购物。比如，行走在繁华的大街上，随处可见商家打出的"满400送400""一律五折"的促销招牌。"这真实惠！"消费者们蜂拥而至，商场里人山人海，抢购成风。此情此景，真让人以为回到了物资短缺的年代。实际上商家心里早就打好了如意算盘。俗话说得好：只有买亏，没有卖亏。促销招牌其实只是商家的一种促销手段，其中暗藏着数学问题，暗藏着商业机密，暗藏着许多玄机。

学生面对商家打出的各种促销招牌，怎样才能买到既实惠又便宜的商品，做出合理的消费决策呢？这就要求学生必须懂得和掌握"折扣"这一百分数知识，才不会被商家表面的打折现象所迷惑，才不会掉进消费陷阱里使自己吃亏，做出理性的消费。至于"折扣"这一知识点，其实大多数学生并不陌生，看到商场这些促销方式，学生首先想到的是价钱便宜了。但是能清楚地知道便宜了多少的学生并不多，因为他们没有真正地、深刻地掌握和理解"折扣"的全部知识；同时，学生也不会把这种生活中的商业折扣与数学的百分数知识联系起来。因此，需要老师规范指导和学生亲

[①] 本案例由广州市石溪劬劳小学侯晰花提供。原文题目是《学生活中的数学，培养学生综合实践应用意识》，选用时略有编辑。

身体验，参与折扣优惠购物的实践活动，这样才能使学生形成系统的概念和知识体系。新课程明确指出。"我们的教学最终是要为生活服务，回归生活的教学才是有用的教学。并且全面发展学生各方面的能力是我们教学的首要任务"。如果只把学生的数学学习局限于课堂，不进行一定的社会实践，则难以提高学生的综合能力。只有学习生活中的数学，并且要将数学知识用于生活，才能使学生真正体会到数学的价值。

【拟定解决思路】

根据上述疑难原因，我拟定了解决思路，如图5-20所示。

> 课前，让学生搜集折扣的资料及调查商家的各种促销方式

> 课中，分组把搜集到的商家折扣的资料及其他促销方式进行汇报、交流，计算各种促销方式到底便宜多少，做出合理的消费决策

> 课后，每个学生都要随自己的父母去商场体验一两次优惠购物，购物之后每个学生上交一份优惠购物的数学日记

图5-20 解决思路

【实施与改进过程】

一、第一次实施过程

(一) 课前资料搜集汇报

第一项是关于折扣的资料：请一两名学生汇报搜集到的折扣资料，让学生在具体的情景中说说折扣的含义。

比如学生说道：一件大衣八折出售，八折就是80%。原价是单位"1"，现价是原价的80%，比原价便宜了20%。老师问："便宜20%你是怎么算出来的？那三五折呢？"

同学们明白打折是什么意思后，老师继续问："如果几折用分母是十

的分数，该怎样表示？"（"几折"就是十分之几，也就是百分之几十，如四折就是十分之四，也就是百分之四十；二五折就是十分之二点五，也就是百分之二十五）

接着，出示例1的课件，学习求现价的折扣问题。小组讨论交流自己的想法，然后列式计算，最后全班汇报。

第二项是关于商家其他促销方式的资料。打折是商家常见的促销方式，那还有其他的促销方式吗？

学生汇报以下几种：

（1）满几百送……

（2）满几百减……

（3）买几送几。

（4）折上折。

接着，我把学生汇报的促销方式生活购物情境用课件展示出来。

A. "满100送100"：一名顾客消费100元，商家赠送了100元的代金券，顾客又将100元代金券消费完。商家优惠是多少？
$100 \div 200 = 50\%$

B. "满100送50"：一名顾客消费150元，商家优惠是多少？
$100 \div 150 \approx 67\%$

C. "满200减80"：一名顾客消费200元，商家优惠是多少？
$120 \div 200 = 60\%$

D. "满200减80"：一名顾客消费199元，商家优惠是多少？
$199 \div 199 = 100\%$ 没优惠

E. "买四送一"：一名顾客需要5件这样的商品，商家优惠是多少？
$4 \div 5 = 80\%$

F. "买四送一"：一名顾客需要7件这样的商品，商家优惠是多少？
$6 \div 7 = 86\%$

H. "折上折"：某品牌鞋标价200元，为了促销先打五折，再在此基础上打九五折。商家优惠是多少？
$95 \div 200 = 47.5\%$

(二）活动探究

（1）上述各种促销方式优惠的标准统一吗？（不统一）那么是以什么作为标准呢？（转化为"几折"作为标准）各种促销方式怎样转化为"几折"计算呢？（分小组讨论，讨论得出结论：只要求出实际消费是原价的百分之几，才知道到底打几折）

（2）上述促销各种方式到底各是几折？各便宜多少？你们发现了什么？

（3）汇报交流如下：

A. $100 \div 200 = 50\%$　　B. $100 \div 150 \approx 67\%$　　C. $120 \div 200 = 60\%$

D. 没优惠　　　　　　　E. $4 \div 5 = 80\%$　　　　　F. $6 \div 7 \approx 86\%$

H. $95 \div 200 = 47.5\%$

大家再次讨论得出结论：D项没优惠。（原因是实际消费198元没达到200元，所以一分钱都没优惠）

（三）小组讨论、交流、汇报

从上述各种促销方式，得出什么合理的消费决策？小组经过讨论、交流，得出结论：①凡是满几百送（减）几，消费时买满整百数才划算，原因是没满整百的数不打折；②在同等消费下"折上折"是最优惠的。

所以，面对商家的各种促销手段，只要把商品标价与优惠的金额比较，就不会被促销方式的表面现象所迷惑，做出理性的消费，使自己不吃亏。

在第一次实施后，我采用了"5W2H"分析法，分析如表5-23所示。

表 5-23 "5W2H" 分析

5W2H	层次1	层次2	层次3	层次4	结论
Who	六（3）班学生和家长	应用意识的培养必须由课内延伸到课外，课外需要家长配合	六（3）班的学生	六（3）班学生是学习的主人，是教学的主体部分	六（3）班学生和家长
When	小学第十二册的数学课	"折扣"这个百分数知识点是小学第十二册才学的	学习百分数（二）中的"折扣"这个知识点的这堂课	简单的购物活动在一年级和三年级实施过，而复杂的优惠购物活动是学习百分数（二）中的"折扣"这个知识点时才实施的	学习"折扣"知识点的这堂课
Where	课室和商场等	这个疑难问题需要在数学课堂和商场处等完成	六（3）班的数学课堂	课堂是教学和学习的主阵地，是学生思想"火花"跳跃的天堂	六（3）班课室
Why	回归生活的教学才是有用的教学；学生学数学的目的就是用数学知识服务于生活	数学来源于生活，也服务于生活。现实生活中无处不用到数学	学好百分数（二）中的"折扣"这个知识点，可以帮助消费者做出合理的消费决策	商家各种促销方式都跟百分数（二）中的"折扣"这个知识点有关系，它们的促销方式都可以转化为"几折"。消费者知道打"几折"了，才会做出合理的消费决策，才会买到既优惠又如意的商品	让学生学习生活中的数学，培养学生综合实践应用意识

续上表

5W2H	层次1	层次2	层次3	层次4	结论
What	面对商家的各种促销方式，要学会打折优惠购物	人们要生活，就要购物。商家为了促销打出许多促销招牌来吸引顾客，而商家的各种促销方式中暗藏着数学问题，暗藏着商业机密，暗藏着许多玄机	学好百分数（二）中的"折扣"这个知识点	商家的各种促销方式中暗藏的数学问题就有"折扣"这个百分数知识。只有学会计算，才能做出合理的消费决策，才能买到既优惠又如意的商品	面对商家多种促销方式，运用数学知识计算怎样才能买到既优惠又如意的商品
How	课前让学生搜集折扣的资料及调查春节期间商家各种促销方式。课中分组把搜集到的商家折扣的资料及其他促销方式进行汇报、交流，计算各种促销方式到底便宜多少，做出合理的消费决策	从学生熟悉的日常商家优惠促销方式入手引入新课，通过实际的例子在师生的互动与讨论中，帮助学生逐步加深对"折扣"的认识，从日常生活的感性认识上升为科学的理性认识，通过折扣与百分数之间的联系，进一步完善百分数知识体系。从学生熟悉多种优惠购物方式的生活情境中选取教学材料，让学生在已有的知识和生活经验的基础上去感受数学、学习数学、应用数学	课后，每个学生都要随自己的父母去商场体验一两次优惠购物，购物之后每个学生上交一份优惠购物清单	回归生活的教学才是有用的教学。面对商家的各种促销方式，学会打折优惠购物	理论与实际相结合，学中用，用中学，学用结合，学以致用

续上表

5W2H	层次1	层次2	层次3	层次4	结论
How much	通过课前的调查活动、课中的自主探究活动和课后的实践活动，学生应用数学的意识大大地提高了，学好数学的信心增强了，学习数学的兴趣浓了，教育教学效果也相应地提高了	数学来源于生活，也服务于生活。现实生活中无处不用到数学，要生活就要用数学，不学好数学就没法独立生活。所以，让学生从思想上认识数学对生活的重要性，我们的教学效果也就提高了	学生面对商家的多种促销方式，做出合理的消费决策，买到既优惠又如意的商品，使自己不吃亏，这才达到学习"折扣"的目的	本课内容与日常生活密切联系，可以使学生真正体会到数学的价值，培养学生的数学应用意识和应用能力	让学生学习生活中的数学，培养他们的应用意识
程度	低————高				—

二、第二次实施过程

教师为了考查学生对"折扣"这个知识点弄明白了没有，面对商家的各种促销方式会不会做出合理的消费决策，要求课后每个同学都要随自己的父母去商场体验一两次优惠购物，购物之后每个同学要把优惠购物的详细过程写成一份数学日记交给老师。最后，大部分同学能亲自去参加打折优惠购物实践活动，能交上一份满意的答卷，如果商家有"折上折"这种促销方式，同学都会选择"折上折"这种购物方式，因为在同等促销下"折上折"是最优惠的。

【反思与收获】

（1）从学生熟悉的日常商家优惠促销方式入手引入新课，通过实例，在师生的互动与讨论中，帮助学生逐步加深对"折扣"的认识，从日常生活的感性认识上升为科学的理性认识，通过折扣与百分数知识之间的联系，进一步完善百分数知识体系。

（2）从学生熟悉的多种优惠购物促销方式的生活情境中选取教学材料，让学生在已有的知识和生活经验的基础上去感受数学、学习数学、应用数学。在教学过程中，为学生提供了自主活动的空间，让每个学生尽可能主动积极地参与，尽可能地满足学生求知的需要、参与的需要、成功的需要和交流的需要。

（3）努力践行新课程标准"数学来源于生活，也服务于生活"的要求。学生课前的搜集资料和课后参与"优惠购物"的实践活动，就是让学生有更多的机会应用数学知识进行实践应用活动，做到"学中用，用中学，学用结合，学以致用"；就是使学生获得学习成功、能力增强等的良好体验，从而逐步增强他们学好数学、会用数学的信心。

（4）通过这样学习和实践相结合的课，大多数学生认识到数学来源于生活，并且为我们的生活服务，意识到学好数学的重要性，因此，学习数学的兴趣提高了。我想，未来的数学教学，教师应该尽量多创造条件让学生走出课堂，多参加社会实践，培养学生的实践和应用能力。

点评：

数学来源于生活，存在于生活，并且应当运用于生活。小学数学教学过程应该是帮助学生把现实问题转化为数学问题的过程，让学生感受数学学习的意义。侯老师在组织学生进行"折扣"优惠购物的数学综合实践活动时，从学生的生活出发，精心设计教学活动，帮助学生将所学的百分数知识运用到理性消费活动中；同时，采用"5W2H"分析法，关注学生的活动情况，边实践边改进，充分调动了学生学习、参与数学的深度和广度。

四、诊断学习环境

学习环境，一般是指供学习者学习的外部条件，学习环境与学习场所、空间、支持、技术工具、信息资源、共同体、建构性学习、情况与条件、社会环境有着密切的关系。学习环境是一个动态概念，它与动态的学习进程是紧紧联系在一起的，是学习活动展开的过程中赖以持续的情况和条件。学习环境是学习资源和人际关系的组合。学习资源包括学习材料

（信息）、帮助学习者学习的认知工具（获取、加工、保存信息的工具）、学习空间（比如教室或虚拟网上学校）等。人际关系包括学生之间的人际交往和师生人际交往。鉴于此，"诊断课堂学习环境"这一视角主要包括三个视点，即情境创设、互动会话和及时反馈，以达到师生共同追求课堂教学环境的动态平衡。

1. 诊断学习情境创设

中国情境教育创始人、全国教书育人楷模李吉林通过长期实践，概括出情境教学促进儿童发展的"五要素"，在王灿明、李吉林等完成的国家社会科学基金项目"情境教育与儿童创造力发展的实验与研究"（课题批准号：BHA120051）成果公告中指出，基于儿童创造力发展的情境教育过程由以下四个环节构成：①引入情境，在需要中诱发创造动机。巧设提问，引发悬念，因好奇而创造；巧用音画，感受诗意，因爱美而创造；投身实践，寻找冲突，因困惑而创造。②凭借情境，在探究中激发创造性思维。建构科学探究情境，促儿童的逻辑思维发展；创设文学探究情境，助儿童的形象思维发展；创设艺术探究情境，让儿童的灵性思维得到发展；凭借社会探究情境，使儿童的合作思维得到发展。③融入情境，在体验中塑造创造性人格。注重分析儿童的认知特点、审美趣味和情绪状态，建构切合儿童的教学情境，让他们沉浸于"丰富、新颖而富有意义"的情境之中。④拓展情境，在活动中训练创造性行为。教师通过创设生动有趣的实验情境，激发学生的探究兴趣，培养其动手操作能力；建设野外课程基地，推进主题大单元活动，增强其综合学习能力；注重团队合作，实施"头脑风暴"，激发其社会创造力。在课堂微诊断过程中，课堂情境创设诊断的落脚点要有利于学生发现问题，激发学生积极思考，有利于培养学生的创新能力。

第五章 课堂微诊断的专业视角

案例 21 驱动学生语言内需力的英语语境创设[①]

一、问题提出

笔者通过学习《义务教育新课程标准（2011年版）》发现，小学生的英语学习是通过大量地感知和体验语言现象，通过听、说、读、写等学习活动对他们体验过的语言现象进行不断的运用，从而潜移默化地形成语言意识与语言能力。

事实上，创设语言情景不难，但要创设吸引学生注意力与兴趣，并能唤起学生语言学习内需力的语言情景却不容易。下面将以新版 PEP 教材四年级下册 "Unit 4 At the farm A Let's learn" 词汇教学部分为案例（见图5－22），探讨如何逐步修改语言情景，使之更加贴近学生的实际生活，并激发学生主动参与的内需力。

图 5－22

二、解决思路

解决思路为：立足课本—创设语境—语境初现—语境再现—语境体验。

[①] 本案例由广州市海珠区同福中路第一小学黄丽珊提供。原文题目是《驱动学生语言内需力的英语语境创设之教学微探索》，选用时略有编辑。

三、案例实施与改进

本案例的教学内容为"四会"学习词汇 tomato/potato/carrot/green bean，并通过课文句型 Look at…/ They're…（见图 5-22）运用新词汇描述蔬果的外貌。

（一）第一次实施过程

step 1：语境初现，掌握发音

课文图片呈现了秋季水果丰收的场景，这是选取语言情景的关键依据，于是笔者利用课件设计了农场蔬果丰收的画面，请学生看图猜图中的单词，猜中后呈现该单词，并依次教授 tomato/potato/carrot/green bean 的发音（见图 5-23）。

图 5-23

step 2：语境再现，感知词汇

生活在城市里的孩子很少到农村体验生活，缺乏农耕常识，对于蔬菜是生长在树上还是种在地里一无所知。因此，笔者将通过课件，带领学生到各种蔬果种植场地参观，让学生再一次接触新词汇；同时遮盖蔬果的样子，让学生根据场景猜想蔬果的名称，增加知识的趣味性（见图 5-24）。

图 5-24

step 3：语境体验，运用词汇

通过课件参观农场以后，笔者请学生选择自己喜欢的蔬菜，然后小组制作蔬果沙拉，学生在选择蔬果之前要求运用句型"Look at the…/They're…"进行描述，运用与巩固新授词汇 tomato/potato/carrot/green bean。

实施效果与分析：本次教学效果不佳，学习氛围比较沉闷，在 step 1 与 step 2 的语言情景中，学生对参观农场的活动不感兴趣，没有主动并积极参与学习，只有个别学生能主动说出新授的单词，step 3 的沙拉制作过程更是讨论得不起劲。

下面将运用"5W2H"法对本次语境创设进行分析。

（1）语境创设（what）。语境，又称"情景语境"，指使用语言时所处的实际环境，包括语言之内和语言之外的环境，由英国人类学家马林诺夫斯基（B. Malinowski）于1923年提出。他区分出两类语言环境：①文化语境（context of culture），指说话人生活于其中的社会文化；②情景语境（context of situation），指言语行为发生时的具体语境。本次实施的语境创设主题是参观农场。

（2）为何创设（why）。吕叔湘认为："词只有嵌在上下文里，才有生命，才容易记住，才知道用法。"词不离句、句不离篇是语言教学的重要原则，如果光靠机械操练或者是脱离意义的碎片教学，学生是难以有效地掌握与运用词汇的。本次实施是依据课文图片的主题情景设计了秋季蔬果丰收的场景，带学生进入蔬果园，学生通过视觉感受各种新鲜蔬果。于是，笔者根据教学对象重构教学内容：基于实施效果的不足，更换了语境主题。

（3）如何创设（how）。笔者为了配合课文，设计了参观农场的场景，还试图通过学习增加学生的生活常识。但没有完全激发学生主动参与的内需力，学生没有参与发言的欲望，因此，还要重新考虑如何布局本次语境。

（4）语境创设的对象（who）。这是本次实施过程中所忽略的：实施对象是四年级的学生，年龄特点决定了他们对农场知识了解甚少；作为新授课，学生既没有农场的生活经验，又缺乏词汇的语言基础，一切内容对于学生来说都是新知识，因此，参观农场给学生增加了陌生感，同时也增加了学习负担，学生无法充分表达自己的想法。

（5）何时与何处创设（when & where）。由于本课内容比较少，通过创设语境丰富教学内容，并以此激发学生的学习兴趣与学习热情，因此，语境创设是贯穿整节课的，本次实施已经做到了这一点。

（6）语境创设的花费与花时（How many/how much）。参观农场的语境创设是在电脑课件上利用图片呈现的，呈现手段比较单一，学生容易感到乏味。因此，在下一次改进实施中，应该增加呈现手段，激发学生的学习兴趣，激发其学习的内需力。

综上所述，在语境创设方面，首次的教学实施存在语境创设不当问题。针对以上不足，笔者重新设计语境主题，并调整实施布局。

(二) 第二次实施过程

一般农场上才有蔬果丰收的情景，课堂上难以呈现并让学生感受到，于是笔者设计了以下的任务：通过课件的展示带领学生参观超市的蔬果区，请学生在小组里选择喜欢的蔬果来制作沙拉。由于学生还没有掌握本课的新单词，不能直接完成以上任务。而如果提前孤立地呈现单词，又会让人感觉突兀，教学过程显得不流畅。因此，笔者将参观农场的语境改为"逛超市—买蔬果—做沙拉"这一连贯的语境，并结合自己的生活经历以cooking为主线，重新布局了整个教学过程。

step 1：语境初现，驱动内需

笔者介绍自己并呈现本课情景，T：I have a daughter. We like eating . I like cooking, I often cook for her. Do you know what I often cook?（设计意图：让学生回忆已学的食物单词），学生回答以后呈现答案（见图5-25）。这时候，不再是孤立地教授词汇，而是为整个教学情景的引入做铺垫，在呈现答案的同时，学生利用phonics拼读规律，自主学习新单词，通过图示以及教师的示范纠正，在话语中理解词汇意思。

图5-25   图5-26

step 2：语境续现，感知语言

T：I like cooking those, but today my daughter likes something new, what should I cook today?（见图5-26）Let's go to the supermarket…笔者播放一段在超市蔬果摊拍摄的视频，让学生给笔者建议：You can cook…（目的：让学生重复呈现并加深对于新授词汇的感知与理解）。接下来，学生在小组讨论每一种蔬果的样子，结合句型"Look at the…They are…"进行描述。（目的：通过结合句型的操练加深对词汇的理解）

step 3：语境拓展，激活语言

T：My daughter likes eating salad. But what should I buy?（见图6及图7），and my daughter likes eating these…此阶段，笔者设计了一个猜谜语的游戏，学生通过阅读并猜一猜：笔者女儿喜欢吃什么蔬果。谜语内容有：①They are round, they can keep the doctors away. ②They are vegetables, they are round and red. ③They are fruits. They look like boats.（设计意图：让学生通过阅读方式输入语言，进一步内化词汇的学习）

图 5-27

图 5-28

step 4：体验语境，维持内需

布置任务：请学生小组讨论选择其中几种蔬果制作沙拉。（设计意图：让学生在语境中进一步理解词汇并在语境中运用词汇输出语言）

实施效果：在本次教学的实施过程中，学生保持了高涨的学习热情，大部分学生能积极思考并参与讨论，选择自己喜欢的蔬果制作沙拉；有的学生尽管不能完全记住单词发音，但能通过中文或者肢体语言表达意思，顺利地完成学习任务。

三、收获与反思

第二次的教学氛围与效果为何明显高于第一次呢？关键原因是它驱动了学生学习的内需力，将学生"要我学"的观念转化为"我要学"。笔者总结分析，驱动学生"我要学"的内需力有以下几点：

（1）合理地分析语境的对象是基础。不同年龄的学生有不同的学习需要和兴趣喜好，要善于抓准学生的兴趣点，激发他们内在的学习动力。语言情景的创设要符合学生的认知水平，根据不同年龄的学生或者不同水平的班级特点进行创设，情景情节的创设不能过于复杂，不然学生难于理解语言。第一次实施过程中，笔者忽略了分析教学对象，只是为了增加农场知识，设计学生不熟悉的语境，成为该课程实施的败笔。第二次实施笔者抓住了重点"进超市—买蔬果—做沙拉"这看似普通的语境，却把握了四年级学生动手实践的欲望和动机。

（2）合适地创设语境的主题是关键。创设语境不难，但要创设合适的语境必须充分考虑几个要素：

一是语境要符合生活实际，不能脱离实际。

二是语境不牵强不造作，让学生觉得情节自然流畅，情景与学习内容之间有必然的联系，学生能够通过情景更好地理解、参与、体验并运用语言。

三是语境主题的创设要有思维深度，要留给学生思考和想象的空间。只有给学生提供思考、想象的余地，学生才有兴趣，也更愿意参与到语言情景的学习中去。

第二次实施过程中，主题"进超市—买蔬果—做沙拉"清晰明确，贴近学生生活实际，学生乐于体验的同时也容易开展讨论活动，因此，内需力油然而生。

（3）连贯地整合语境的内容是保障。语言情景的创设要有始有终，情景呈现必须有前因后果。如果学生能够在相对完整的、真实的情景中接触、体验、理解和学习语言的意义和用法，也能更好地掌握语言形式。教师只有通过创设完整的语言情景，才能引导与培养学生完整的思维方式。第二次的改进实施过程中，笔者带领学生到真实的场景中体验生活，驱动了学生的学习内需力以及参与学习的热情，因此改进与实施是成功的。

点评：

小学生的英语学习需要通过大量地感知和体验语言现象，通过听、说、读、写等活动来实现，因此，小学英语课堂教学非常重视英语学习情境的创设。黄老师在自身的教学中发现创设英语语言情境并不难，但要创设吸引学生注意力与兴趣，并能唤起学生语言学习内需力的语言情境却不容易。她采用"5W2H"分析法对新版 PEP 教材四年级下册"Unit 4 At the farm A Let's Learn"词汇教学实施进行诊断后，将情景"参观农场"改为"逛超市—买蔬果—做沙拉"，符合学生的生活实际，抓准了学生的兴趣点，激发了学生的学习内需力，较好地完成了学习目标。

2. 诊断课堂互动会话

课堂就是教师和学生之间通过不同方式"会话"而演绎的一段通向预期目的地的"旅程"。德国哲学家马丁·布伯将师生之间的会话关系分为三种："我与我""我与他""我与你"。师生之间的会话应建立"我与你"的关系,"真正的教师与其学生的关系便是这种'我与你'关系的一种表现。为了帮助学生把自己最佳的潜能充分发挥出来,老师必须把他看作具有潜在性与现实性的特定人格……把他视作伙伴而与之相遇"[1]。课堂互动会话是指"教学活动的主体通过语言或行为的方式进行的信息交流"[2],课堂学习中,课堂互动会话数量、时间、对象、措辞、插话、会话行为如何,会话参与人数、时间、过程、质量如何,在平等、尊重会话中,创设最佳的学习环境,能够最大限度地激发学生的学习动机,最优化地促进学生学习。例如,课堂上有问有答,是互动会话的一种形式,但有问有答并不表明教师与学生发生了实质性的互动对话交流。虽然有些课堂师生互动对话频繁且不乏热闹,但是仔细诊断,这只是教师连珠炮般地提问和学生不假思索地回答而掀起的小波浪,并不是真正的师生互动对话。我们需要在互动会话的过程中,有新的、有意义的内容生成,且问与答都融入了思维的积极活动。

案例 22 "线性"古诗文阅读课堂学习[3]

一、问题分析

毋庸置疑古诗文教学在高中语文教学中的地位,但如何才能更好地提高古诗文课堂教学的效率,却是很多语文老师感到头疼的事情。在实践中,笔者也有过"触礁"的经历。古诗文不好学,因此,教师"教"的

---

[1] 马丁·布伯. 我与你. 生活·读书·新知三联书店 1986 年版.
[2] 胡庆芳等. 精彩课堂的预设与生成. 教育科学出版社 2007 年版.
[3] 本案例由广州市南武中学莫月霞提供。原文题目是《如何善用古诗文阅读课堂教学的"线性"——以粤教版必修三〈念奴娇·赤壁怀古〉为例》,选用时略有编辑。

第五章 课堂微诊断的专业视角

引导，以"教"促使学生的"学"更显重要。

下面是我曾经在《念奴娇·赤壁怀古》一诗教学中的两个片段。

实录片段（一）
师：哪位同学能谈一谈苏轼呢？
生：他是著名宋代词人。
生：他是八大家。
师：应该说是八大家之一。哪八大家呀？
生：苏洵、苏辙……
生：欧阳修、王安石……（插话）
生：韩愈、柳宗元、曾巩。（插话）
师：他们应该是散文的八大家。
师：他们谁是唐代，谁是宋代？
生：韩愈、柳宗元是唐代，剩下的是宋代。

实录片段（二）
师：这首词写了什么人？
生：苏轼？
师：再想想！
生：美女小乔。
师：是吗？认真看看诗句！
生：周瑜？
师：对，是周瑜。作者用什么方式写他的？
生：没有直接写吧。
师：那怎么写？
生：有一些关于长江、赤壁的景色。
师：那这些描写有什么用呢？
生：哦，好像是伏笔。
师：对，这是为了周瑜的出场做铺垫。
师：这时作者想到了什么？
生：觉得人生好像梦一样，不如喝酒算了……

片段（一）是上课的导入，我自己还没有吃透文本，师生彼此间东拉西扯，所讲的文学常识与本节课联系不大；片段（二）是讲授教学重点、引导学生思考的片段，自己也觉得发笑。师生间的问答质量不高，课堂推进缓慢。课堂似乎很热闹，表面上有互动，但引导很不到位，本来很简单的问题，学生也不能很快答出来，严重影响了教学的效率。

二、拟定解决思路

我自己总觉得欠缺了什么似的！我对诗文主旨的把握、情景场设置的调控、主干问题的理解都有失偏颇，而且我没有注重诵读诗文的铺垫，学生的思维没有和我同步，无法"接轨"。古诗文应该教什么？应该怎样教学？这是涉及古诗文本质和学生学习规律的问题。在深入挖掘古诗文教学内涵，领会古诗文教学精髓的过程中，我很清楚地意识到，学生的问题是真实的，如果我们在教学中不能准确地把握到师生间相处的"度"，教学的有效性是很难真正达成的。

试教的失败给了我压力更给了我动力。面对教学中的困境，我耐心分析成因，反复思量比较，寻找最佳的教学思路。落实到具体操作，我决定删繁就简，强调教学目标的"眉清目秀"，教学环节的伸缩自如。将琐碎繁多的学习任务进行归组后，本人以"情"一脉相承，采用"导读、预读、研读、比读、美读"的五步教学法，把高中文言文课堂活动的"五大模块积件"（了解背景信息、疏通文言词句、朗读乃至背诵、研习内容与形式、强化巩固与迁移）合理设置，相机而行，力争把教师的"教"和学生的"学"通过情景场有效统一起来，引导学生准确把握文章主旨，提高鉴赏能力，丰富自身情感。这是本人所构想的线性教学模式，就是在找准文本的切入点的基础上，组建一条解读文本、组织各个环节的教学主线（文脉），由这条主线设置主干问题创设情景场，引导学生展开多重对话，最终使师生愉快、顺利地完成教学任务。

三、诊断与改进过程

1. 追因分析

下面是我用"5W2H"分析法对这节课进行的分析（见表5-24）。

表5-24 "5W2H"分析

5W2H	分析	结论
Who	高一学生刚从初中上来，还比较习惯填鸭式的背诵方式，对开放式的诗歌讨论方式不适应，鉴赏能力也比较差	一开始要激发学生学习的兴趣，让他们明白高中学习的与众不同。情境的设置很重要：学生要想完成对所学知识的意义建构，即达到对该知识反映事物的性质、规律及该事物与其他事物之间联系的深刻理解，最好的办法就是让学生到"现实世界"的真实环境中去感受、去体验，而不仅仅是聆听教师对这种经验的介绍和讲解
When	完成的时间是一节课（40分钟），面面俱到则没有学习重点	时间较紧（没法改变），需要删繁就简，强调教学目标的"眉清目秀"、教学环节的伸缩自如
Where	在常规课室上课，小组活动不方便	尝试去专用场室"微格室"，那里的设备就是按6人一个小组设置的，小组学习会更集中，增强凝聚力
Why	常规教学，除了利用诗歌朗诵音频，没有太多的多媒体元素	要利用同类素材，如有关三国的歌曲，还有白板书写和投影，还有小黑板

续上表

5W2H	分析	结论
What	根据教学内容，共安排了10个问题，任务不集中，学生讨论没有重点	学生的问题是真实的，如果教师在教学中不能准确地把握到师生间相处的"度"，教学的有效性是很难真正达成的。 "过程与方法"拟定：①以读促悟，通过对词的反复诵读来体会词中的意境及作者的情感。②以议促评，培养学生自主探究的能力，形成正确评判人物的标准。 "教学重点"拟定：把握写景、怀古、抒情相结合的写法，理解作者的思想感情，评价其对人生的认识。 "教学难点"拟定：正确理解"人生如梦"的思想情绪，把握词人复杂的心情
How	运用诵读法和讨论法，比较单调	诵读法、探究法、讨论法和比较法交替使用，效果好。在找准文本的切入点的基础上，组建一条解读文本、组织各个环节的教学主线（文脉），由这条主线设置主干问题创设情景场，引导学生展开多重对话，这样的处理最终使师生愉快、顺利地完成教学任务
How much	没有合理设置情景场和抓住主干问题，导致学生的思维没有与作者和我同步，无法"接轨"文本体悟情感	围绕着情感核心，我准备设置三个层层深入、张弛有度的主干问题，引导学生在虚拟的"情景场"中交流想法、讨论质疑。学生把握思维发展的着重点，更利于对教材的深层次理解，学生与教材、同伴、老师的对话会更有质量

2. 优化重组

● 改动1：导读——寻找切入点

《念奴娇·赤壁怀古》开篇就是"大江东去，浪淘尽，千古风流人物"这句总领全词，古往今来的英雄豪杰和他们创造的业绩终将被历史的浪沙淘洗干净，都会淹没在历史的长河中。在第二次施教中，我改变了片段（一）中与学生漫谈的方式，以"心中的英雄"这个切入点为指引，精心设计导语。

（1）播放电视剧《三国演义》的片头曲《滚滚长江东逝水》。

（2）导语：一部《三国演义》，展示了无数的英雄豪杰。《百家讲坛》栏目之《易中天品三国》有这么几句诗句，请同学们猜猜它们所品评的英雄人物是谁。

● 改动2：预读——鼓励学生感知

承接"导读"环节，我还增加了"预读"环节，要求他们一是自由诵读。读准字音，揣摩语调。二是疏通文句。对照注释，了解大意。三是交流疑惑。发现问题，尝试解决。

（1）安排预读任务。

（2）检查学习情况，及时反馈。

（3）教师范读。

朗读提示：这首词历来被称为宋词豪放派的代表作，应该读得高亢激昂、铿锵有力（押入声韵）、节奏明快。

● 改动3：研读——生成多重对话

抓住了文脉，一切迎刃而解。重点是要生成多重对话。片段（二）作为一个反面例子，激励着我认真反思、仔细琢磨。怎么样才能让对话有质量呢？怎么样才能水到渠成地营造"情景场"氛围？也恰恰是有"导读"和"预读"的铺垫，学生把握了阅读理解的切入点，在"研读"环节，我才可能围绕这条解读文本、组织各个环节的教学主线，有的放矢地以主干问题组织课堂"情景场"，把师生的集中力引向文本的深处。我对之前试教的设计做了修改，形成主干问题并准备了有争议的讨论。

主问题系列

（1）这首词歌颂了谁？（写了谁？写了什么事？从中表现出人物什么样的形象？）

（2）作者是如何突出这一英雄形象的？（词的上阕写什么内容？请找出描写的语句，细细品味用得精彩的字词，并思考这些语句的作用。）

（3）由赤壁和这一英雄形象作者想到了什么？（请找出描写作者感受的句子。你是如何理解的？）

☆讨论："人生如梦"这句有许多的争论，有人说反映了作者消极的思想，也有人有不同的意见。你认为呢？联系苏轼的生平、思想和写作背景，发表自己的观点。

● 改动4：比读——对教材的再创造理解

我计划因势利导，趁热打铁，在"比读"环节联系拓展了《定风波》进行对比学习，鼓励大家各抒己见，最后再提出问题。

定风波

莫听穿林打叶声，何妨吟啸且徐行，竹杖芒鞋轻胜马，谁怕？一蓑烟雨任平生。

料峭春风吹酒醒，微冷，山头斜照却相迎。回首向来萧瑟处，归去，也无风雨也无晴。

（1）本词刻画了作者什么样的形象？与所学篇目有什么异同点？

（2）苏轼在赤壁咏史怀古，抒发了自己心中的块垒。千年之后的你们面对苏轼也一定有许多感慨。此时此刻，你最想对苏轼说什么？

● 改动5：美读——声情并茂背诵，展示个性

鼓励学生绘声绘色品读全词，上台展示。

布置作业：电影《英雄》中的长空说："真正的英雄，不是武功盖世，也不是功业过人，而是心中要装有天下，能找到人生的知己。"请你结合自身的体验和思考，写一篇短文，或描述一个你心目中的英雄的故事，或评论一个英雄的生命价值。文体不限，字数不少于300字。

3. 课堂再战

● 变化1：导读——入情

课前播放电视剧《三国演义》的片头曲《滚滚长江东逝水》。

师：同学们，"滚滚长江东逝水，浪花淘尽英雄"，《三国演义》展示了无数的英雄豪杰，当我们回首这些千古英雄，是否也会百般感慨涌上心头？易中天先生在《品三国》时提及这么几个诗句，请同学们看一下这些诗句所品评的是哪些英雄人物呢？

投影：(1) 出师一表真名世，千载谁堪伯仲间。
　　　(2) 天下英雄谁敌手？生子当如孙仲谋。
　　　(3) 东风不与周郎便，铜雀春深锁二乔。
　　　(4) 酾酒临江，横槊赋诗，固一世之雄也。

生1：(1) 写鞠躬尽瘁的诸葛亮。
生2：(2) 写驰马射虎的孙权。
生3：(3) 写足智多谋的周瑜。
生4：(4) 写能文能武的曹操。

师：你们最欣赏哪一位英雄呢？
生5：张飞（颇得意）。
生6：赵云、黄忠。

师：每个人心中都有自己的英雄，而苏轼最欣赏的又是谁呢？现在就让我们走进文本，在词作中寻找问题的答案。

分析：创设情境，把握学生学习兴趣的激发点，学生聆听、观看、感受、思考、竞猜、积累。①歌曲引情，有利于学生对词豪放的风格和词人思想感情的感受、理解。②诗文竞猜，拓宽了学生知识面，又营造了良好的课堂氛围。这一安排把握了学生学习兴趣的激发点，提高了他们学习的积极性。

● 变化2：预读——问情

学生：
1. 自由诵读——读准字音，揣摩语调。
2. 疏通文句——对照注释，了解大意。
3. 小组交流疑惑——发现问题，尝试解决。

分析：认真预读，把握阅读理解的质疑点。①质疑交流：使学生整体感知诗文，把握内容；②反复朗读：从自己有情感的声音中初步感受这首词的风格。我随堂检查学习情况，及时反馈；我针对学生的问题进行点拨，并做了范读展示。当全班学生齐读诗词，他们根据朗读提示和教师示

第五章　课堂微诊断的专业视角

范，感情基调和节奏音韵都把握得很好了。

● 变化3：研读——品情

师：这首词歌颂了谁？也就是写了谁？写了什么事？从中表现出人物什么样的形象？
生1：周瑜。
生2：他初娶小乔，指挥赤壁之战，那个时候少年得意，功业有成。（比划动作）
生3：周瑜那时候还风流倜傥，"高富帅"！（抢着说，堂上一片哄笑声）
师：那作者是如何突出这一英雄形象的？同学们可以想想上阕写什么内容，请找出描写的语句，细细品味用得精彩的字词，并思考这些语句的作用。
生4：写了长江，还有赤壁的雄壮风光。
生5：我觉得"大江东去，浪淘尽"这句好！"淘"字写出了长江奔流的气势。
生6：我认为"乱石穿空，惊涛拍岸，卷起千堆雪"好，动词用得好！"穿"，写出陡峭山崖直插云霄的气势；"拍"，写出江水与堤岸搏击的力度；"卷"，写出了汹涌的波涛力量之大。这对刻画人物有很好的作用，强调了"气场"！（掌声一片）
生7：是啊，这里"乱"写出岸边岩石山崖之险怪；"惊"，写出了江水之汹涌。这为了周瑜的出场做铺垫。
师：同学们的眼光很敏锐，感觉很"来劲"，点评很到位！苏轼用宏伟之景观为人物张本！
生：我感觉自己好像周瑜，很英伟耶！（大家笑）
师：由赤壁和这一英雄形象作者想到了什么？请找出描写作者感受的句子。你是如何理解的？
生8："多情应笑我，早生华发"。
生9："人生如梦，一尊还酹江月"。
生10：老师，"人生如梦"这句有许多的争论，有人说反映了作者消极的思想，也有人有不同的意见，我好像也好矛盾！
师：很好，这个同学提出了一个很有水平的问题哦！大家可以联系苏轼的生平、思想和写作背景，发表自己的观点。
生11：我觉得"人生如梦，一尊还酹江月"反映了理想与现实的矛盾。
生12：我之前看过一些资料，这是词人仕途坎坷、壮志难酬的悲叹和愤慨，在貌似自慰自解的言辞之中激荡着一腔追慕英雄、渴望建功立业的豪迈之情。智慧，这就是苏轼的达观态度，这也就是苏轼的诗意人生。不能改变环境，那就改变心情，这难道算是消极吗？苏东坡的贬职未必不是一件好事情，正是由于贬职，使他突破了小人们的包围，使他真正开始审视人生的真谛，从而写出了流传千古的旷世杰作。
师：生命岁月永恒的象征。苏轼情不自禁倒一杯酒祭奠江水和月亮。这就是苏轼的生存智慧。"人生如梦，一尊还酹江月"，反映了理想与现实的矛盾，是词人仕途坎坷、壮志难酬的悲叹和愤慨，在貌似自慰自解的言辞之中激荡着一腔追慕英雄、渴望建功立业的豪迈之情。

分析：深化感情，把握思维发展的着重点。这环节我精选三个主干问题层层深入，提纲挈领。这一次的问答一张一弛，非常准确到位。学生在虚拟的"情景场"中质疑、讨论、交流，活动开展得很充分，很有气氛。尤其是讨论质疑，学生把握思维发展的着重点，注重个性化理解，这更利于他们对教材的深层次理解。主问题的合理设置作为积极引导学生开展学习的重要内容，其对教学过程有内在牵引力，能形成教学活动板块，营造情景场，以"牵一发而动全身"之高效促进教与学的顺利进行。

● 变化4：比读——悟情

> 《定风波》是高二选修教材的内容，于学生而言有些难度。但经过之前的蓄势，学生基本上找到关键词"谁怕""任平生"等，并归纳出作者履险如夷、泰然自若、任天而动的形象和广阔的胸襟、倔强的性格，因此，在抒发感慨的时候也特别来劲。

分析：独特体验，把握能力提高的训练点。学生思维很活跃，他们思考、回答，捕捉内心的瞬间体验并记录下来，展开热烈的交流。这一环节我以独特体验鼓励学生对教材的再创造理解。当他们再次朗诵诗文的时候，声音流畅，感情激昂，几乎能背下来了。

● 变化5：美读

> 学生基本在课堂上能够把诗词背诵下来，部分同学或个人或小组上台展示。在后面上交的作业中，该班学生也较好地结合自身的体验和思考，写出了不错的故事或者短评，思想较深刻。

分析：潜移默化，把握情感升华的融合点。最后"美读"乃潜移默化，学生在朗读中终于完成了慨叹的体验，对于自身语文素养的提升很有帮助。作业是水到渠成的事情，只要能够写出真情实感的文字，就是有效的了。

四、反思与收获

三易其稿，不断磨课，以实践见真知。通过《念奴娇·赤壁怀古》的多次教学尝试，我深深明白，古诗文教学不应只是简单的知识呈现，而是在真实的灵动的课堂上更应重视学生自己对各种文学现象的理解，倾听他们的看法，洞察他们想法的由来，并以此为根据，与学生共同针对某些主要问题进行探索，引起学生间的交流、质疑，从而使学生不断丰富或调整自己的理解，以建构清晰、完整的古诗文认知结构。

在诗词教学中，把"情"的探究作为课堂的主线，并坚持以下两点：

（1）诵读是基础。把诗词当作诗歌来教，借助不同形式的诵读来领悟诗词的意境和艺术美。"读书千遍，其义自见。""读"的本身就是一种由口入心、琢磨和体验的过程，读准了，读多了，往往就容易把握文言文的一般特点和规律。在诵读中，品味语言之精妙，"言"和"文"皆因品读而共生。通过诵读方式把主观感受同作品实际统一起来，将学生情操的陶冶寓于审美享受之中，就能更好地品读古代诗词曲赋文的无穷魅力。把诵读《念奴娇·赤壁怀古》放在"预读"环节，为创设"情景场"热身；放在"美读"环节，有利于学生情感升华。学生抓住了文脉，读出豪放词的悲愤和豪迈，可以举一反三，融会贯通，掌握语言规律，进而感悟人性的真善美。

（2）探究是关键。主问题的合理设置，创设"情景场"是古诗文课堂教学模式的高潮。自主、合作、探究是培养、锻炼、提升阅读能力，落实新理念，实现新目标，体现素质教育的学习手段。探究性阅读具有主动性、自主性、创造性等特征，它尊重学生的个性与主体地位，注重多种对话关系的展现与阅读能力的培养；它有助于激发学生的认知潜能与创新意识，有助于其主动地建构基础阅读"经验"，提升独立阅读古诗文的能力。教授《念奴娇·赤壁怀古》，笔者根据文脉设计三个主问题创设"情景场"，有效地简化教学头绪，使教学内容于单纯之中表现出丰富，于明晰之中透露出细腻，这种高屋建瓴的设计风格直指教学目标，有利于达到高效目的。无疑，主干问题可以激活课堂，其作为积极引导学生开展学习的重要内容，对教学过程有内在牵引力，能形成教学活动板块，以"牵一发而动全身"之高效促进教与学的顺利进行。学生在主动探究、讨论过程中，常常会有"意外的惊喜"，这样的教学是生成性的，是富有生命意义的，有利于学生的可持续发展。

点评：

古诗文教学越来越受到重视。莫老师从已有的教学实践出发，尝试使用"5W2H"进行追因诊断，进行课堂教学二次设计，并以"充分发挥课堂互动"为线索，做出五方面改进，在课堂二次实施中，取得了较好的教学效果。

3. 诊断学习及时反馈

反馈原来是物理学中的一个概念，是指把放大器的输出电路中的一部分能量送回输入电路中，以增强或减弱输入信号的效应。心理学借用这一概念，以说明学习者对自己学习结果的了解，而这种对结果的了解又起到了强化作用，促进了学习者更加努力学习，从而提高学习效率。拉比的实验证明，反馈效应不仅在知识学习中有表现，在动作技能的学习中（如射击训练），其表现也特别显著。布朗的实验表明，反馈的方式不同，所产生的效应也不同，例如，让学生自己来评改练习作业，比由教师来评改所起到的激励作用要大，学习效应更佳，因为前者更能激发学生的主动性。罗西和亨利通过实验证明，在学习活动中，有反馈（知道学习之后的测验成绩）相比没有反馈（不知道测验的成绩），其学习效果要好得多。而且，即时反馈（天天知道测验成绩）比远时反馈（测验成绩要一周之后才知道）所产生的效应（激励作用）更大。在课堂学习中，设计的教学是否由问题驱动？问题链与学生认知水平、知识结构的关系如何？需要有哪些调整？为什么？效果怎么样？学生合作学习（讨论、活动、作业）是否有效？本次教学活动是否凸显了本学科的特点、思想、核心技能以及逻辑关系？课堂检测题是否具有代表性？多少学生能及时作答？讲评重点是什么？等等。这些问题均需要进行及时反馈，便于课堂学习的调整。课堂微诊断过程中，学习及时反馈诊断需要考虑三个方面：一是围绕课时学习目标，对学习活动的事先计划与安排的反馈；二是对实际学习活动的监察、过程评价；三是对学习活动进行调节、修正和控制。

案例 23　在反馈中及时进行针对性操练[①]

【问题分析】

队列队形是指全体学生按照统一的口令、一定的队形，从事协同一致的动作。它是培养学生组织性、纪律性和集体性，发展学生协调一致的集体动作的能力和培养学生正确的姿势的良好手段；也是小学生上课和集体行动中必须掌握的技能。在每节常规课的开始部分会有队列队形的练习。每天早上学生出早操的时候队列队形就起到重要的作用。在广东省教育研究院教研室编写的中小学教学指导用书《体育（小学全一册）》中也提到小学阶段学生应该重点掌握队列队形的具体内容。因此，队列队形是每位学生必须掌握的技能。

在一次谈话中，学校领导提出要提高学生出操的精神面貌。经领导提醒，我认真观察学生出操的情况，发现学生出操的精神状态懒散，有扭动身体、擦鼻子、伸懒腰等小动作，以及随意说话等问题。班级在出操时的队列队形会直接影响到全校的出操质量。根据观察，影响学生出操状态的主要问题是站姿、原地踏步以及齐步走不规范。

【解决思路】

根据学生存在的问题，我初步拟定了以下解决思路：

队列队形是小学必学技能，学生在一年级入学初就开始学习该技能，基本能掌握立正、稍息、看齐、报数、解散、集合、转体、原地踏步走以及原地跑步走等技能，随着年级的增长，学生对队列队形技能的掌握程度也随之增强。虽然每位学生都学过队列队形，但由于个体学习能力的差别，个别学生不会听音乐的节奏，找不到轻重音节等原因，出现出操踏步、齐步不整齐的现象。所以，需要教师观看学生的出操情况，根据现状分析问题所在，提出解决措施，对症下药。

[①] 本案例由广州市海珠区第三实验小学陈晓提供。原文题目是《综合运用多种资源促进队列队形训练的实效》，选用时略有编辑。

如何做课堂微诊断

全校是由不同的班级组成的，各个班级又是由不同个人组成的，要达到全校学生动作一致，首先需要班级每个人的动作一致。在体育课上，队列队形练习只占1～2分钟，每个学期的开学初，每节课也只用3～5分钟进行练习。单靠这几分钟，是远远不够的，所以在开学初，我们前两周都会加大队列队形练习时间的比重，主要进行对学生来说较难的原地踏步以及齐步走的重点练习。

要熟练技能，单靠课上练习是远远不够的，因为每个学生的接受能力不一样，掌握程度也不一样，就如语文、数学这些学科一样，需要课后练习，于是我们也要求学生课后进行原地踏步的练习。一年级的个别学生，经过一学期的练习，还存在踏步踏错，或者是跟不上音乐的节奏的情况。

课上的练习是针对班级以及班级的每个同学，要想全校性的队列队形整齐，需要进行全校性的练习。例如，听音乐入场时，要求横排竖排整齐，涉及各个年级以及各个班级，所以，需要全校进行操练，高年级的步子小点，低年级的步子大点，相互配合，实现横排的整齐。学生跟不上音乐的节奏，我们会利用早操的时间，专门让学生进行无音乐、有音乐的踏步练习，培养他们听音乐节奏的能力。

【实施与改进】

各年级的队列队形有着不同的特点，一至三年级除了出操队形练习外，还会根据学生实际情况安排练习，例如，"稍息"姿势练习就稍作调整了，四至六年级基本按照部队队列练习。但原地踏步以及齐步走基本是一致的。

由于各年级学生的步幅、力量、注意力都有所差异，所以，安排训练的手段、方式也要有所差别。例如，对于一年级的学生，每节课练习的内容不宜过多，最好是一到两个动作练习；而高年级的学生有一定的基础，学习起来较快，所以，一节课可以进行多个队列队形的练习。五年级的学生对队列队形的内容掌握较熟练，但由于平时出操时的随意性，常常出现踏步以及齐步走不整齐等问题，所以，对于五年级学生来说，最主要的是改变他们对待出操的态度。

（一）第一次实施

第一次的实施方案，在五（1）班实施。在队列队形复习课的第一节

第五章 课堂微诊断的专业视角

课上,我先指出学生早操队列队形的问题:站姿东倒西歪,上肢没挺直,踏步、齐步走不整齐,精神面貌不好,态度随意,动作不到位等。课上先进行5分钟的站姿练习,要求:两脚跟靠拢,脚尖向外分开60°,挺胸收腹,上体正直,微向前倾,肩平,两臂自然下垂伸直,手指并拢微曲。然后进行其他队列队形内容的练习,各练习两遍,如果两遍直接通过,就进入到下一项内容的练习,如果不通过,就一直进行该项练习,直到通过。

原地踏步、齐步走是重点训练的部分。我把原地踏步、齐步走作为一节新课教,先讲解示范踏步、齐步走的要点,然后教师喊口令,让学生分解动作练习。原地踏步的练习要求:①脚部动作,双手叉腰,"一"左脚往下踩,"二"右脚往下踩,脚抬的高度要求是抬起脚脚尖碰到地面脚的脚踝关节。②手部动作,"一"右手前摆,左手后摆,教师一个一个纠正动作没到位的学生,让学生动作定型;"二"的动作与"一"的相反。分解动作练习后,先让全班同学集体进行练习,再进行小组练习,在下课前10分钟进行分组汇演。在第二节复习课时,加入音乐进行原地踏步练习。

齐步走练习的方法跟原地踏步类似,学生对齐步走较难掌握的地方主要是最后的停步和行进间两两的动作难以对齐。我先让学生把齐步走的停步那两拍单独提出来练习,学生单做齐步走的最后两步,当听到教师喊"立定"时,学生回应"一、二"的同时多迈两步("一"左脚,"二"右脚)。然后再让学生听音乐分别进行集体或者两人小组齐步走练习,练习时大多数学生手的摆动幅度过小甚至不摆动,因此,要反复提醒学生提高摆臂幅度。经过两周的反复练习,五(1)班的出操质量明显提高了。

低年级学生好动,注意力不能长时间集中,出操时喜欢动来动去,小手喜欢抓来抓去。所以,在体育课上,同样要进行站姿的练习。站姿练习、踏步以及齐步走对于一年级学生来说是难点,所以,这两项内容在体育课上占的时间比重更大。练习方式跟高年级类似,但教学的进度以及要求是有所区别的,一年级学生大多数听不懂专业术语,需要我们用简洁明了的话来说明,例如,站姿练习中我会教他们"五指并拢靠大腿,抬头挺胸看前方"。一年级学生还得教他们学会听音乐的拍子,哪个拍子踏步,重拍左脚,轻拍右脚,等等。单靠课上的练习是不够的,不断地练习之后还是有学生出现踏错步、动作不到位、跟不上音乐节奏等问题，所以，我给一年级的学生安排了课后作业，听音乐练习踏步。

总结五（1）班练习经验，我跟科组长商量后，决定把两套操改为一套操，把挤出来的时间用在队列队形的练习上。首先，进行全校性的站姿练习，在做操前先进行3分钟的站姿练习，经过几天的集体站姿的练习，学生出操乱动的行为少了；其次，进行踏步的集体练习；最后，就是集体性的入场的练习。

学校领导在每个学期的不同时间段都请学校外教官到学校对学生进行辅导，加强队列队形的练习，使学生队列动作更规范化。

经过这种课上学、课后练、展示比赛的方式，不断巩固加强队列队形的练习，学生出操的精神状态明显提高了。

第一次的实施过程结束后，我运用"5W2H"分析法对队列队形练习进行分析，如表5-25所示。

表5-25 "5W2H"分析

5W2H	层次1	层次2	层次3	层次4	结论
Who	体育教师（本人）	队列队形是体育课上主要的练习内容	体育教师、学校领导、班主任、家长、教官共同合作	在不同时间、地点利用不同资源可以全方位监督、鼓励、指导学生的练习	体育教师、学校领导、班主任、家长、教官共同合作
When	体育课上	体育课的时间更充裕，这个时间体育教师可以专门地指导学生	除体育课外，还可以利用早锻炼、早操、回家做完作业后的时间	体育课上的时间是有限的，教师面对多名学生，学生的接受能力不一样，所以，需要其他时间进行巩固练习，而这些时间是可以利用起来的，同时也不影响主科的学习	时间定顺序：体育课→早锻炼→早操→回家做完作业后时间→军训→队列队形比赛

续上表

5W2H	层次1	层次2	层次3	层次4	结论
Where	学校操场	学校是学习的主要场地，体育课是队列队形练习的主要时间，学校操场是学生体育课活动的主要空间，练习有专人的指导，所以是最适合练习的地方	除了学校，还可以利用学校外的场地，例如家里、公园、广场等场地	学生除了在学校学习外，放学后回到家里休息，以及周末、寒暑假还有许多时间是在家里或者跟家人到外面休闲活动，可以利用这些地方进行练习	学校、家里、广场、公园等地方
Why	使出操的队列队形更整齐，学生精神面貌更好	队列队形是小学生上课和集体活动中必须掌握的技能，队列队形规范、准确，更能显示学生的纪律性和集体主义精神	促进学生的身心健康发展	队列队形不仅能培养学生正确的身体姿势、组织性、纪律性和集体主义精神，还使学生知道在集体活动中如何与他人合作，培养良好的合作精神	1. 促进学生队列队形的整齐，提高出操的质量；2. 培养学生正确的身体姿势、组织纪律性、集体主义精神；3. 使学生在集体活动中懂得如何与他人合作，培养良好的合作精神
What	运用多种资源进行队列队形练习	促进队列队形的实效，提高出操的质量	重点练习队列队形，学生的站姿、原地踏步、齐步走	队列队形的内容有很多，不可能全部都是重点，针对学校以及学生情况，重点对站姿、踏步、齐步走进行练习	运用多种资源进行站姿、原地踏步、齐步走练习，促进队列队形的实效

续上表

5W2H	层次1	层次2	层次3	层次4	结论
How	体育课上，教师组织学生分解动作、完整动作练习，小组、集体练习	一项技术动作，可以通过讲解示范、分解动作、完整动作练习，小组、集体等形式练习，可以让学生更好地掌握技术动作	除了教师体育课上的教学，还可以通过布置课后作业、军训、比赛、全校性集体练习、班主任以班级为单位的练习等方式练习	练习的方式手段并不是单一的，可以在不同时间、空间，只要有条件，都可以进行练习，而且一些方式的变通，可以提高学生的积极性	1. 常规课堂练习：个人、小组、集体的练习； 2. 课后的练习：布置家庭作业，以照片或视频的形式上交； 3. 班主任组织的班级练习； 4. 学校组织的，可以通过军训、队列队形比赛形式进行练习
How much	4520元	军训请教官每学期的经费，队列队形的奖状经费	无	无	4520元
程度		低 ——→ 高			

(二) 第二次实施

我对第一次实施的情况进行了总结，并进行第二次实施。

在第一次的实施过程中，对学生原地踏步、齐步走的要求只是告诉他们脚抬高的大概高度，要求他们摆臂的幅度大点、动作更有力点。在第二次实施的过程中，结束广东省中小学教学指导用书《体育（全一册）》、广州市海珠区中小学体育教师队列队形培训学习内容，把原地踏步、齐步走的概念用更具体的数字量化了，让学生更清晰地知道摆臂应该摆到哪个位置。

齐步走：左脚向正前方迈出50～70cm，按照先脚跟后脚掌的顺序着地，同时身体重心前移，右脚照此法动作；上体正直，微向前倾；手指轻轻握拢，拇指贴于食指第二节（微握拳）；两臂前后自然摆动，向前摆臂时，小臂稍向里合（微内扣），手心向内稍向下，拇指与肚脐眼齐平，离身体约 25cm；向后摆臂时，手臂自然伸直，手腕前（桡）侧距裤缝 30cm（两把短期的长度）。

原地踏步：两脚在原地上下起落，抬起时，脚尖自然下垂，离地面约 15cm，落下时，前脚掌先着地；上体保持正直，两臂按照齐步的要领摆动。

第一次实施，在进行全校性的队列队形练习时，每次训练原地踏步、齐步走全抓；在第二次实施时，每天训练只训练某环节。例如，今天重点抓学生的摆臂，教师讲解动作要求，然后进行练习；明天练习齐步走，重复练习几次，直到达到要求为止。表扬个别表现出色的班级，或者指出做得不太好的班级。

【反思与收获】

全校学生通过一段时间的队列队形练习，进一步掌握了站姿、原地踏步走、齐步走的动作要求，学会了如何与他人合作，纪律性、合作精神、集体主义精神得到提高，出操时，队列队形更整齐、更规范化了。

点评：

简单的队列队形是小学阶段学生必须掌握的体育基本技能。陈老师在组织学生进行队列队形技能学习时，充分考虑了学生的年龄特点和技能学习的规律，采用"5W2H"分析法，对站姿、原地踏步和齐步走分别进行训练。在此过程中注意分解动作难点，示范动作要领，让学生不断模仿老师的动作，老师及时诊断学生在练习中出现的一个又一个小问题，当即反馈，反复操练，步步推进，有序解决，提升了学生学习简单队列队形的有效性。